YIMIAO GUANLIFA
BAIWEN BAIDA

疫苗管理法百问百答

汪建荣　喻小勇　主编

法律出版社
LAW PRESS·CHINA

图书在版编目(CIP)数据

疫苗管理法百问百答／汪建荣，喻小勇主编. -- 北京：法律出版社，2020
ISBN 978-7-5197-4323-9

Ⅰ. ①疫… Ⅱ. ①汪… ②喻… Ⅲ. ①疫苗-药品管理法-中国-问题解答 Ⅳ. ①D922.164-44

中国版本图书馆CIP数据核字(2020)第045691号

疫苗管理法百问百答
YIMIAO GUANLIFA BAIWEN BAIDA

汪建荣 喻小勇 主编

责任编辑 张 戬 陶玉霞
装帧设计 汪奇峰

编辑统筹 法规出版分社
出版 法律出版社
开本 A5
总发行 中国法律图书有限公司
印张 8.125
经销 新华书店
字数 145千
印刷 固安华明印业有限公司
版本 2020年5月第1版
责任印制 吕亚莉
印次 2020年5月第1次印刷

法律出版社／北京市丰台区莲花池西里7号(100073)
网址／www.lawpress.com.cn
投稿邮箱／info@lawpress.com.cn
销售热线／400-660-8393
举报维权邮箱／jbwq@lawpress.com.cn
咨询电话／010-63939796

中国法律图书有限公司／北京市丰台区莲花池西里7号(100073)
全国各地中法图分、子公司销售电话：
统一销售客服／400-660-8393/6393
第一法律书店／010-83938432/8433　西安分公司／029-85330678　重庆分公司／023-67453036
上海分公司／021-62071639/1636　深圳分公司／0755-83072995

书号：ISBN 978-7-5197-4323-9　**定价**：35.00元
(如有缺页或倒装，中国法律图书有限公司负责退换)

前　言

疫苗和预防接种关系到广大人民群众的生命健康，关系到公共卫生安全和国家安全。在《中华人民共和国疫苗管理法》（以下简称《疫苗管理法》）颁布之前，我国关于疫苗和预防接种管理的法律法规主要包括《中华人民共和国药品管理法》（以下简称《药品管理法》）、《中华人民共和国传染病防治法》（以下简称《传染病防治法》）和《疫苗流通和预防接种管理条例》[①]等，缺乏一部专门的法律。特别是近年来发生的重大疫苗安全事件，暴露出我国在疫苗研制、审批、流通、使用、监管等环节仍存在一些问题。

为了加强疫苗管理，保证疫苗质量和供应，规范预防接种，促进疫苗行业发展，保障公众健康，维护公共卫生安全，2019年6月29日，第十三届全国人大常委会第十一次会议审议通过了《疫苗管理法》，该法自2019年12月1日起实施。《疫苗管理法》全文共11章100条，包括总则、疫苗研制和注册、疫苗生产和批签发、疫苗流通、预防接种、异常反

---

① 根据2020年3月27日国务院令第726号公布的《国务院关于修改和废止部分行政法规的决定》，本条例废止。下同。

应监测和处理、疫苗上市后管理、保障措施、监督管理、法律责任、附则。

《疫苗管理法》立法迅速，自2018年11月11日国家公布征求意见稿到最终法律表决通过，用时不到9个月。体现了“四个最严”，即以“最严谨的标准、最严格的监管、最严厉的处罚、最严肃的问责”为指导思想。该法明确疫苗上市许可持有人对疫苗的安全性、有效性和质量可控性负责，要求建立疫苗全程电子追溯制度、生物安全管理制度、疫苗生产严格准入制度、疫苗批签发制度、疫苗定期检查制度、预防接种异常反应监测及补偿制度、疫苗质量回顾分析和风险报告制度等，建设疫苗全生命周期质量管理体系。

为便于公众学习和掌握《疫苗管理法》，本书用通俗易懂的语言，按照《疫苗管理法》的章节顺序，采用自问自答的形式，对条款内容做了解读。相关问题的解答可能涉及《疫苗管理法》前后多个条款的，本书也做了适当整理。此外，为贴近实践，本书还在部分问答中列举了相关案例，方便读者理解。

需要说明的是，在《疫苗管理法》制定通过后不到两个月，《药品管理法》也修订通过，且两部法律都自2019年12月1日起实施。这两部法律是典型的特殊法和一般法的关系。读者在学习这两部法律时可以互相对照，有助于加深理解。本书在编写过程中，也适当加入了两部法律对照的内容。

本书编写过程中，南京中医药大学的田侃教授、王艳翚副教授、吴颖雄讲师以及部分研究生也帮助查阅了文献，做了不少基础性工作，在此一并表示感谢。

由于时间仓促，本书难免有疏漏不妥之处，敬请读者批评指正。

编　者

2020 年 3 月

目　　录

第一章　总　　则

1　什么是疫苗？

英文中“疫苗”（Vaccine）一词源于拉丁文的牛（Vacca），是19世纪末著名微生物学家路易斯·巴斯德（Louis Pasteur）为纪念发现牛痘接种免疫法的爱德华·詹纳（Edward Jenner）而创立的术语，是指所有预先接种而使人获得免疫的方法。疫苗曾被定义为：利用病原体的免疫原制剂来激发免疫应答而不会引起疾病。根据世界卫生组织（World Health Organization，WHO）的概念，疫苗是指含有免疫原性物质，能够诱导机体产生特异性、主动性和保护性宿主免疫，能够预防感染性疾病的一类异源性药学产品，它包括以感染性疾病为适应症的预防性疫苗和治疗性疫苗。可见，疫苗有广义和狭义之分。广义的疫苗是指所有的免疫制剂，即包括感染性疾病和非感染性疾病的预防性疫苗和治疗性疫苗；狭义的疫苗仅指用于人体预防接种的预防性疫苗。

我国《疫苗管理法》采用疫苗的狭义概念。《疫苗管理法》第二条第二款规定："本法所称疫苗，是指为预防、控制疾病的发生、流行，用于人体免疫接种的预防性生物制品，包括免疫规划疫苗和非免疫规划疫苗。"第九十七条规定，免疫规划疫苗，是指居民应当按照政府的规定接种的疫苗，包括国家免疫规划确定的疫苗，省、自治区、直辖市人民政府在执行国家免疫规划时增加的疫苗，以及县级以上人民政府或者其卫生健康主管部门组织的应急接种或者群体性预防接种所使用的疫苗。非免疫规划疫苗，是指由居民自愿接种的其他疫苗。

此外，根据生产方法、作用机制等不同，还可以将疫苗分为三大类：(1)人工主动免疫制剂。主要包括灭活疫苗、减毒活疫苗和类毒素等。其中，灭活疫苗俗称"死疫苗"，是用物理或者化学方法将病原体杀灭制成的疫苗，如甲肝灭活疫苗。死疫苗在人体内不能生长繁殖，对机体刺激时间短，因此要获得持久的免疫力需要多次重复接种。减毒活疫苗，是人为使病原体发生变异，毒性减弱，但保留其免疫原性的疫苗。常用减毒活疫苗主要有卡介苗、麻疹疫苗、脊髓灰质炎疫苗等。减毒活疫苗在体内有生长繁殖能力，免疫持续时间较长，效果通常优于死疫苗。类毒素，是将细菌外毒素经甲醛处理，使其失去毒性，但保留免疫原性的制剂。常用的类毒素有白喉类毒素、破伤风类毒素等。类毒素在体内吸收慢，但能长时间刺激机体产生更多抗体，增强免疫效果。(2)人工被动免疫制剂。主要包括免疫血清、人免疫球蛋白、细胞因子、单克隆抗体等。人工主动免疫和人工被动免疫均能使机体增强抗病能力，但后者的持续时间短，主要用于治疗和紧急预防。(3)新型疫苗。新型疫苗大多是采用不同于传统灭活、减毒方法的新技术制成的疫苗，包括基因工程亚单位疫苗、重组疫苗、合成肽疫苗、基因工程载体疫苗、核酸疫苗和抗独特型抗体疫苗等。

2 疫苗不同于一般药品的特点是什么？

药品，是指用于预防、治疗、诊断人的疾病，有目的地调节人的生理机能并规定有适应症或者功能主治、用法和用量的物质，包括中药、化学药和生物制品等。疫苗属于生物制品的范畴，是关系到人民群众特别是婴幼儿健康的一种特殊药品。

疫苗具有以下几个不同于一般药品的特点：(1)疫苗关系到公共卫生安全和国家安全，是国家战略性、公益性产品；(2)疫苗是预防性产品，主要供健康人使用，且以婴幼儿使用为主；(3)疫苗作为生物制品，生产工艺更为复杂，对安全、有效、质量可控的要求更高。正是由于疫苗具有上述特点，对疫苗的研制、注册、生产、流通、使用等应当采取比一般药品更为严格的管理措施。

3 《疫苗管理法》的出台背景是什么?

我国是疫苗生产大国,是世界上为数不多的能够以自身能力提供全部免疫规划疫苗的国家之一。中华人民共和国成立以来尤其是改革开放以来,我国免疫规划事业成效显著,为疾病防控做出巨大贡献,创造了良好的社会效益。然而,我国在疫苗研制、审批、流通、使用等环节仍存在一些问题,疫苗安全事件时有发生。特别是长春长生生物科技有限责任公司问题疫苗案件的发生,既暴露出相关职能部门存在监管不到位等诸多漏洞,也反映出疫苗生产、流通、使用等环节存在一定的制度缺陷。案件发生后,党中央、国务院高度重视,中央政治局召开专门会议,习近平总书记、李克强总理多次作出重要指示和批示,要求加快完善疫苗监管长效机制,完善与疫苗相关的法律法规和制度规则。

在《疫苗管理法》颁布之前,我国关于疫苗管理的规定散见于《药品管理法》《传染病防治法》《疫苗流通和预防接种管理条例》等法律、行政法规之中,缺少对疫苗管理一以贯之、详细完备的法律制度安排。《药品管理法》的立法目的在于加强药品管理、保证药品质量、保障公众用药安全和合法权益、保护和促进公众健康,其侧重于对药品监管设置一般性的规定,尚未对疫苗监管作出更有针对性的制度安排;《传染病防治法》的立法目的在于预防、控制和消除传染病的发生与流行,保障人体健康和公共卫生,其仅在第二章

第十五条中规定了疫苗预防接种制度;《疫苗流通和预防接种管理条例》的立法目的在于加强对疫苗流通和预防接种的管理,其作为国务院层面的行政法规,未能对疫苗全链条管理作出系统规定。

为回应人民群众的关注,解决疫苗管理存在的问题,全面贯彻习近平总书记关于食品药品领域最严谨的标准、最严格的监管、最严厉的处罚、最严肃的问责等“四个最严”的要求,落实党中央、国务院关于强化疫苗管理改革举措,故将分散在多部法律法规中的关于疫苗研制、生产、流通、预防接种、异常反应监测、保障措施、监督管理、法律责任等规定进行全链条统筹整合,细化管理措施,秉持针对性、实效性和可操作性原则,制定《疫苗管理法》专门管理疫苗相关事项。

案例链接

2018 年 7 月 15 日,国家药品监督管理局在对长春长生生物科技有限责任公司(以下简称长春长生公司)生产现场进行飞行检查的过程中,发现长春长生公司在生产狂犬疫苗的过程中存在生产记录造假的行为。7 月 16 日,长春长生公司对狂犬疫苗进行了全部召回,并声明此前的疫苗并无质量问题,存在质量问题的疫苗并未进入流通领域。8 月 7 日,国家卫生健康委员会办公厅、国家药品监督管理局办公室联合印发《接种长春长生公司狂犬病疫苗续种补种方案》。10月16日,国家药品监督管理局和吉林省食品药品监督管理局依法从严对长春长生公司违法违规生产狂犬病疫苗作出行政处罚。行政处罚决定书载明,长春长生公司存在以下八项违法事实:一是将不同批次的原液进行勾兑配制,再对勾兑合批后的原液重新编造生产批号;二是更改部分批次涉案产品的生产批号或实际生产日期;三是使用过期原液生产部分涉案产品;四是未按规定方法对成品制剂进行效价测定;五是生产药品使用的离心机变更未按规定备案;六是销毁生产原始记录,编造虚假的批生产记录;七是通过提交虚假资料骗取生物制品批签发合格证;八是为掩盖违法事实而销毁硬盘等证据。上述行为违反了《药品管理法》、《中华人民共和国药品管理法实施条例》(以下简称《药品管理法实施条例》)、《药品生产质量管理规范》、《药品生产监督管理办法》、《生物制品批签发管理办法》等法律法规和规章。依据行政处罚管辖有关规定,国家药品监督管理局撤销长春长生公司狂犬病疫苗(国药准字S20120016)药品批准证明文件;撤销涉案产品生物制品批签发合格证,并处罚款1203万元。吉林省食品药品监督管理局吊销其药品生产许可证;没收违法生产的疫苗、违法所得18.9亿元,处违法生产、销售货值金额3倍罚款72.1亿元,罚没款共计91亿元。此外,对涉案的14名直接负责的主管人员和其他直接责任人员作出依法不得从事药品生产经营活动的行政处罚。涉嫌犯罪的,由司法机关依法追究刑事责任。

4　制定《疫苗管理法》的意义是什么?

疫苗关系到人民群众的生命健康,关系到公共卫生安全和国家安全。制定《疫苗管理法》,实行最严格的疫苗管理制度,对于坚决守住疫苗质量安全底线、维护最广大人民群众的生命健康安全,具有重要意义。

一是有利于落实习近平总书记"四个最严"的要求,推动疫苗管理体制改革和完善。党的十八大以来,以习近平同志为核心的党中央高度重视人民群众用药安全,要求用最严谨的标准、最严格的监管、最严厉的处罚、最严肃的问责,加快建立科学完善的食品药品安全治理体系,这就是人们常说的"四个最严"。习近平总书记明确指出,要始终把人民群众的身体健康放在首位,以猛药去疴、刮骨疗毒的决心,完善我国疫苗管理体制,坚决守住安全底线,全力保障群众切身利益和社会安全稳定大局。

二是有利于回应社会关切,重建全社会对疫苗管理的信心。近年来,我国问题疫苗事件时有发生,一段时间内相当集中,特别是长春长生公司问题疫苗案件发生以后,引发社会上一些人对我国疫苗管理的质疑,部分群众对我国疫苗质量心存疑虑、担忧、恐慌,有的甚至拒绝接种疫苗。根据中国疾病预防控制中心的监测,在 2013 年 12 月～2014 年年初发生乙肝疫苗事件、2016 年发生山东疫苗事件期间,也出现过"疫苗犹豫"的现象,一些儿童家长甚至拒绝接种疫苗。

山东疫苗事件发生后，儿童家长拒绝非免疫规划疫苗接种比例高达50%，持续了数月的时间。制定和实施《疫苗管理法》，依法加强对疫苗的严格科学管理，是对社会关切和人民群众期待的积极回应，也是重塑全社会对我国疫苗安全信心的实际行动。

三是有利于把新的改革举措通过法律予以固化，为疫苗管理提供全面系统的法治支撑。我国以往疫苗管理方面的法律规范，分散在《药品管理法》《传染病防治法》《疫苗流通和预防接种管理条例》等法律、行政法规中，缺少一部专门的法律。近几年发生的问题疫苗案件，暴露出主体责任不落实、预防接种不规范、异常反应补偿纠纷频发、创新动力不足、保障力度不够、监督管理不到位、监管能力薄弱、违法成本低等突出问题。《疫苗管理法》在整合现行有关规定的基础上，针对疫苗管理特点和存在的突出问题，充分发挥立法的引领、推动、规范和保障作用，对疫苗管理作出了针对性、时效性和可操作性都很强的规定，为疫苗管理提供了全面系统的法治支撑。

5 《疫苗管理法》的主要内容有哪些?

《疫苗管理法》共 11 章 100 条，分别为总则、疫苗研制和注册、疫苗生产和批签发、疫苗流通、预防接种、异常反应监测和处理、疫苗上市后管理、保障措施、监督管理、法律责任、附则，重点是结合疫苗研制、生产、流通、预防接种的特点，对疫苗监管的特殊要求作出具体规定。

一是突出疫苗的战略性、公益性。在立法目的中明确提出维护公共卫生安全（第一条）。在管理上，强调国家坚持疫苗产品的战略性和公益性，将预防、控制重大疾病的疫苗研制、生产和储备纳入国家战略，鼓励疫苗生产规模化、集约化（第四条）。定期开展疫苗安全法律、法规以及预防接种知识等的宣传教育、普及工作（第十二条）。注重建立信息共享机制，实行疫苗安全信息统一公布制度，要求监管部门就疫苗质量和预防接种等信息进行交流沟通（第七十五条、第七十六条）。

二是加强疫苗上市监管。强调生物安全风险控制和菌毒株、细胞株管理（第十一条）。临床试验应当由三级医疗机构或者省级以上疾病预防控制机构实施或者组织实施（第十六条）。要求疫苗临床试验实行更加特殊的受试者保护，审慎选择受试者，合理设置受试者群体和年龄组。受试者为无民事行为能力人的，应当取得其监护人的书面知情同意；受试者为限制民事行为能力人的，应当取得受试者本人及其监护人的书面知情同意（第十七条、第十八条）。明确国务院药品监督管理部门在批准疫苗注册申请时，对疫苗的生产工艺、质量控制标准和说明书、标签予以核准（第二十一条）。

三是实施更加严格的生产管理。对疫苗生产实行严格准入制度，从事疫苗生产活动，应具备适度规模和足够的产能储备以应对紧急情况下的供应需求；要求疫苗上市许可持有人的法定代表人、主要负责人应当具有良好的信用记录，其他关键岗位人员应当具有相关专业背景和从业经历（第二十二条、第二十三条）。对疫苗实行批签发管理，每批疫苗销售前或者进口时应当经过批签发机构的审核、检验（第二十六条至第三十一条）。

四是加强疫苗流通和预防接种管理。明确国家免疫规划疫苗由国家组织集中招标或者统一谈判，形成并公布中标价格或者成交价格，各省、自治区、直辖市实行统一采购。国家免疫规划疫苗以外的其他免疫规划疫苗、非免疫规划疫苗由各省、自治区、直辖市通过省级公共资源交易平台组织采购（第三十二条）。疫苗价格由疫苗上市许可持有人依法自主合理确定（第三十三条）。省级疾病预防控制机构应当根据国家免疫规划和本行政区域疾病预防、控制需要，制定本行政区域免疫规划疫苗使用计划；疫苗上市许可持有人应当按照采购合同约定，向疾病预防控制机构供应疫苗；疾病预防控制机构应当按照规定向接种单位供应疫苗（第三十四条、第三十五条）。相关单位应当保证疫苗的配送，遵守疫苗储存、运输管理规范，使疫苗在储存、运输全过程中处于规定的温度环境，冷链储存、运输应当符合要求并定时监测、记录温度（第三十六条、第三十七条）。疫苗上市许可持有人、疾病预防控制机构、接种单位、疫苗配送单位等应当建立真实、准确、完整的记录，并按照规定予以保存备查（第三十八条、第三十九条、第四十条）。对疫苗免疫规划、接种工作规范、接种单位管理、接种证查验等作出具体规定（第五章）。明确预防接种经费保障、短缺疫苗供应的具体要求（第八章）。

五是强化异常反应监测处理和疫苗上市后管理。明确预防接种异常反应是指合格的疫苗在实施规范接种过程中或者实施规范接种后造成受种者机体组织器官、功能损害，相关各方均无过错的药品不良反应，以及不属于预防接种异常反应的情形（第五十二条）。国家加强预防接种异常反应监测，接种单位、医疗机构等应当将疑似预防接种异常反应的情况及时报告（第五十三条、第五十四条）。组织调查、诊断疑似预防接种异常反应，实行预防接种异常反应补偿制度（第五十五条、第五十六条）。要求疫苗上市许可持有人制定并实施疫苗上市后风险管理计划，开展疫苗上市后研究（第五十七条）。对上市疫苗进行质量跟踪分析，持续提升质量控制标准，改进生产工艺（第五十八条）。疫苗上市许可持有人应当持续更新说明书、标签，建立疫苗质量回顾分析和风险报告制度（第五十九条、第六十条）。明确国务院药品监督管理部门可以根据情况，责令疫苗上市许可持有人开展上市后评价或者直接组织开展上市后评价，并作出注销疫苗的药品注册证书等行政处罚（第六十一条、第六十二条）。

六是严惩重处违法行为。坚决落实“四个最严”，综合运用民事责任、刑事责任、行政责任手段，强化疫苗上市许可持有人和相关主体责任。相关违法行为构成犯罪的，依法从重追究刑事责任（第七十九条）。生产、销售的疫苗属于假药或者劣药的，给予严厉处罚（第八十条）。总结疫苗案件暴露的问题，对数据造假等主观故意违法行为予以严惩（第八十一条）。落实“处罚到人”要求，疫苗上市许可持有人有严重违法行为的，对法定代表人、主要负责人、直接负责的主管人员和关键岗位人员以及其他责任人员，没收违法行为发生期间自本单位所获收入，并处所获收入50%以上5倍以下的罚款，10年内直至终身禁止从事药品生产经营活动（第八十二条）。此外，强化监管部门和地方政府责任追究制度（第九十四条、第九十五条）。

6 《疫苗管理法》和《药品管理法》之间是什么关系？

《疫苗管理法》是我国第一部全面综合规范疫苗管理的专门法，应当注意处理好其与作为药品管理一般法的《药品管理法》的衔接。《疫苗管理法》第二条第一款规定，在中华人民共和国境内从事疫苗研制、生产、流通和预防接种及其监督管理活动，适用该法。该法未作规定的，适用《药品管理法》《传染病防治法》等法律、行政法规的规定。这一规定包含以下两层含义：

一方面，对《药品管理法》确立的药品一般性管理制度，《疫苗管理法》可以不作重复规定，但并不影响其适用于疫苗管理。如《药品管理法》关于药品研制和注册、药品上市许可持有人、药品生产、药品经营、药品上市后管理、药品价格、药品储备和供应、监督管理等作出的一般规定，同样适用于疫苗管理。

另一方面，根据《中华人民共和国立法法》第九十二条的规定，同一机关制定的法律，特别规定与一般规定不一致的，适用特别规定。因此，《药品管理法》有规定的，《疫苗管理法》如果有不同规定，应当适用《疫苗管理法》的特别规定。以药物临床试验、疫苗临床试验机构为例，《药品管理法》第十九条第二款规定，开展药物临床试验，应当在具备相应条件的临床试验机构进行。根据《药物临床试验机构管理规定》（国家药监局、国家卫生健康委公告 2019 年第 101 号）第五条规定，申请药物临床试验机构应当具备“具有医疗机构执业许可证，具有二级甲等以上资质……开展以患者为受试者的药物临床试验的专业应当与医疗机构执业许可的诊疗科目相一致”等条件。即《药品管理法》仅规定医疗机构才具有药物临床试验的申请资格，医疗机构等级要求为二级甲等以上。《疫苗管理法》第十六条第二款规定，疫苗临床试验应当由符合国务院药品监督管理部门和国务院卫生健康主管部门规定条件的三级医疗机构或者省级以上疾病预防控制机构实施或者组织实施。即疫苗临床试验由三级医疗机构或者省级以上疾病预防控制机构开展。因此，对于疫苗临床试验机构，《药品管理法》虽然有规定，但《疫苗管理法》作出了不同规定，此时应当适用《疫苗管理法》的特别规定。

7 《疫苗管理法》的适用范围是什么？

法律的适用范围，也称法律的效力范围，包括法律的空间效力，即法律适用的地域范围；法律对人的效力，即法律对什么人（包括具有法律关系主体资格的自然人、法人和其他组织）适用；法律的时间效力，即法律从什么时候开始发生效力和什么时候失去效力。

第一，关于地域范围。《疫苗管理法》第二条第一款规定，在中华人民共和国境内从事疫苗研制、生产、流通和预防接种及其监督管理活动，适用该法。法律地域范围的普遍原则，是适用于制定它的机关所管辖的全部领域（法律本身对其空间效力范围作出限制性规定的除外）。《疫苗管理法》作为我国最高权力机关的常设机构——全国人大常委会制定的法律，其效力自然及于中华人民共和国的全部领域，即中华人民共和国境内。

第二，关于主体范围。《疫苗管理法》适用的主体范围包括：在中华人民共和国境内从事疫苗研制、生产、流通和预防接种及其监督管理活动的单位和个人，如各级人民政府及其有关部门、疾病预防控制机构、接种单位、疫苗上市许可持有人、疫苗行业协会等机构及其从业人员。

第三，关于时间效力。《疫苗管理法》第一百条规定："本法自2019年12月1日起施行。"

8 疫苗管理的基本原则是什么？

《疫苗管理法》第三条规定："国家对疫苗实行最严格的管理制度，坚持安全第一、风险管理、全程管控、科学监管、社会共治。"

最严格的管理制度主要体现在以下几个方面：(1)严格的研制管理。《疫苗管理法》强调研制过程中的生物安全风险控制和菌毒株、细胞株管理要求，对疫苗临床试验也作了特别的管理规定，要求审慎地选择受试者，疫苗临床试验应当由三级以上医疗机构或者省级以上疾病预防控制机构来实施或者组织实施。(2)严格的生产准入管理。《疫苗管理法》规定从事疫苗的生产活动，除了要符合《药品管理法》的一般要求之外，还应当符合行业的发展规划和产业政策，要具备适度规模和足够的产能储备，要具有保证生物安全的制度和设施、设备。生产企业的法定代表人、主要负责人应当具有良好的信用记录，其他关键岗位的人员也应当具有相关专业背景和从业经历。(3)严格的过程控制。《疫苗管理法》要求疫苗生产过程持续地符合核定的生产工艺和质量控制标准。按照规定对疫苗生产的全过程和疫苗质量进行审核、检验。产品上市后，也要制定并且实施风险管理计划，主动开展上市后研究，持续提升质量控制标准，改进生产工艺。对于可能影响疫苗安全性、有效性和质量可控性的变更，应当经国务院药品监督管理部门批准。对疫苗还要实行批签发管理，每批产品上市前都应该经过批签发机构的审核、检验。(4)严格的流通和配送管控。疫苗由上市许可持有人按照采购合同约定，向疾病预防控制机构供应，疾病预防控制机构按照规定向接种单位供应。配送疫苗应该遵守疫苗储存、运输管理规范，全过程要符合规定的温度环境、冷链储存、运输等相关要求，而且能够做到定时监测、记录温度，以保证疫苗的质量。(5)严厉的处罚。《疫苗管理法》全面贯彻落实习近平总书记关于药品“四个最严”的要求，对疫苗实施了全过程、全环节、全方位的严管，这将有利于规范疫苗全生命周期的管理，有利于进一步促进我国疫苗质量的提升，也会增强人民群众对疫苗安全的信心。

9 免疫规划制度的基本内容是什么?

预防接种，是根据疾病预防控制规划，利用疫苗，按照国家规定的免疫程序，由合格的接种技术人员，给适宜的接种对象进行接种，提高人群免疫水平，以达到预防和控制疫苗所针对的传染病发生和流行的目的。目前,我国通过接种疫苗,实施国家免疫规划,有效地控制了疫苗所针对的传染病发病。通过口服小儿麻痹糖丸,自 1995 年后,我国即阻断了本土脊髓灰质炎病毒的传播,使成千上万的孩子避免了肢体残疾;普及新生儿乙肝疫苗接种后,我国 5 岁以下儿童乙肝病毒携带率已从 1992 年的 9.7% 降至 2014 年的 0.3% ;20 世纪中期,我国麻疹年发病人数曾高达 900 多万例,至 2017 年,发病人数已不到 6000 例;普及儿童计划免疫前,白喉曾每年导致数以十万计儿童发病,2006 年后,我国已无白喉病例报告;20 世纪 60 年代,我国流脑发病最高年份曾高达 304 万例,至 2017 年,发病人数已低于 200 例;乙脑发病最高年份报告近 20 万例,2017 年发病数仅千余例。国家免疫规划的实施有效地保护了广大儿童的健康和生命安全。

《疫苗管理法》第六条规定,国家实行免疫规划制度。居住在中国境内的居民,依法享有接种免疫规划疫苗的权利,履行接种免疫规划疫苗的义务。政府免费向居民提供免疫规划疫苗。县级以上人民政府及其有关部门应当保障适龄儿童接种免疫规划疫苗。监护人应当依法保证适龄儿童按时接种免疫规划疫苗。这里的“监护人”,是指对无民事行为能力人或限制民事行为能力人的人身、财产和其他一切合法权益负有监督和保护责任的人。关于儿童的监护人,《中华人民共和国民法总则》第二十七条规定,父母是未成年子女的监护人。未成年人的父母已经死亡或者没有监护能力的，由下列有监护能力的人按顺序担任监护人：(1)祖父母、外祖父母；(2)兄、姐；(3)其他愿意担任监护人的个人或者组织，但是须经未成年人住所地的居民委员会、村民委员会或者民政部门同意。

此外，《中华人民共和国基本医疗卫生与健康促进法》第二十一条规定，国家实行预防接种制度，加强免疫规划工作。居民有依法接种免疫规划疫苗的权利和义务。政府向居民免费提供免疫规划疫苗。

10 县级以上人民政府在疫苗监管方面的职责是什么？

根据《疫苗管理法》第七条规定，县级以上人民政府应当将疫苗安全工作和预防接种工作纳入本级国民经济和社会发展规划，加强疫苗监督管理能力建设，建立健全疫苗监督管理工作机制。县级以上地方人民政府对本行政区域疫苗监督管理工作负责，统一领导、组织、协调本行政区域疫苗监督管理工作。

11 疫苗监督管理部门及其职责是什么？

疫苗监督管理体制，是指国家对疫苗监督管理所采取的组织形式和基本制度，它是国家有关疫苗管理法律、法规和方针、政策得以贯彻执行的组织保障和制度保障。由于疫苗管理工作涉及的部门较多，在实践中容易出现部门职责交叉、权责不清现象，因此需要厘清疫苗监管体制、明确各监管部门的职责。

《疫苗管理法》第八条规定，国务院药品监督管理部门负责全国疫苗监督管理工作。国务院卫生健康主管部门负责全国预防接种监督管理工作。国务院其他有关部门在各自职责范围内负责与疫苗有关的监督管理工作。省、自治区、直辖市人民政府药品监督管理部门负责本行政区域疫苗监督管理工作。设区的市级、县级人民政府承担药品监督管理职责的部门负责本行政区域疫苗监督管理工作。县级以上地方人民政府卫生健康主管部门负责本行政区域预防接种监督管理工作。县级以上地方人民政府其他有关部门在各自职责范围内负责与疫苗有关的监督管理工作。

《疫苗管理法》第七十条规定，药品监督管理部门、卫生健康主管部门按照各自职责对疫苗研制、生产、流通和预防接种全过程进行监督管理，监督疫苗上市许可持有人、疾病预防控制机构、接种单位等依法履行义务。药品监督管理部门依法对疫苗研制、生产、储存、运输以及预防接种中的疫苗质量进行监督检查。卫生健康主管部门依法对免疫规划制度的实施、预防接种活动进行监督检查。药品监督管理部门应当加强对疫苗上市许可持有人的现场检查；必要时，可以对为疫苗研制、生产、流通等活动提供产品或者服务的单位和个人进行延伸检查；有关单位和个人应当予以配合，不得拒绝和隐瞒。

12 疫苗部门协调机制的具体内容有哪些?

根据《疫苗管理法》第九条规定,国务院和省、自治区、直辖市人民政府建立部门协调机制,统筹协调疫苗监督管理有关工作,定期分析疫苗安全形势,加强疫苗监督管理,保障疫苗供应。

此外,2019 年 3 月 22 日国务院办公厅发布的《关于同意建立疫苗管理部际联席会议制度的函》(国办函〔2019〕27 号),提出建立疫苗管理部际联席会议制度。联席会议由市场监管总局、国家卫生健康委、国家药监局、中央宣传部、中央编办、国家发展改革委、科技部、工业和信息化部、公安部、司法部、财政部、人力资源社会保障部、国务院国资委组成,市场监管总局、国家卫生健康委、国家药监局为牵头单位。联席会议的主要职能包括:在党中央、国务院领导下,统筹研究疫苗产业布局、行业规划、生产流通、质量安全、供应储备、预防接种、补偿赔偿等重大问题,加快推进疫苗技术创新、工艺优化和产业升级;定期分析疫苗安全形势,会商研判疫苗案件办理、信息发布,组织制定疫苗安全事件应急预案;提出加强和改进疫苗工作的意见,推进监管能力建设和监管方式创新;完成党中央、国务院交办的其他事项。

13 如何建立疫苗信息化追溯体系?

疫苗信息化追溯体系是药品信息化追溯体系的重要组成部分,是指疫苗上市许可持有人、生产企业、配送单位、疾病预防控制机构、接种单位、监管部门等疫苗追溯参与方,通过信息化手段,对疫苗生产、流通、使用等各环节的信息进行追踪、溯源的有机整体。疫苗信息化追溯体系的构建,有利于形成互联互通疫苗追溯数据链,实现疫苗生产、流通和使用全过程来源可查、去向可追;可以有效防范非法药品进入合法渠道,确保发生质量安全风险的疫苗可召回、责任可追究。目前,我国疫苗追溯体系存在多追溯系统并存、数据共享协同难、跨地区追溯难度大等问题,亟须国家明确疫苗信息化追溯体系建设总体要求,统一追溯码编码规则,提出追溯过程中需要企业记录信息的内容、格式以及数据交换要求等,指导各方在统一标准规范下共建疫苗信息化追溯体系。

《疫苗管理法》第十条规定,国家实行疫苗全程电子追溯制度。国务院药品监督管理部门会同国务院卫生健康主管部门制定统一的疫苗追溯标准和规范,建立全国疫苗电子追溯协同平台,整合疫苗生产、流通和预防接种全过程追溯信息,实现疫苗可追溯。疫苗上市许可持有人应当建立疫苗电子追溯系统,与全国疫苗电子追溯协同平台相衔接,实现生产、流通和预防接种全过程最小包装单位疫苗可追溯、可核查。疾病预防控制机构、接种单位应当依法如实记录疫苗流通、预防接种等情况，并按照规定向全国疫苗电子追溯协同平台提供追溯信息。第四十六条规定，医疗卫生人员应当按照国务院卫生健康主管部门的规定，真实、准确、完整记录疫苗的品种、上市许可持有人、最小包装单位的识别信息、有效期、接种时间、实施接种的医疗卫生人员、受种者等接种信息，确保接种信息可追溯、可查询。接种记录应当保存至疫苗有效期满后不少于5年备查。

目前，国家药品监督管理局依据《疫苗管理法》《关于加快推进重要产品追溯体系建设的意见》《关于推动食品药品生产经营者完善追溯体系的意见》《关于药品信息化追溯体系建设的指导意见》等法律政策文件的要求，制定了《药品信息化追溯体系建设导则》《药品追溯码编码要求》《药品追溯系统基本技术要求》《疫苗追溯基本数据集》《疫苗追溯数据交换基本技术要求》等多项标准，以指导各方主体积极开展疫苗信息化追溯体系建设。

上述标准既相互协调，又各有侧重，有效解决了疫苗追溯过程中不同环节、不同系统的数据共享难题，为实现《疫苗管理法》要求的“全过程最小包装单位疫苗可追溯、可核查”奠定了基础。其中，《药品信息化追溯体系建设导则》《药品追溯码编码要求》《药品追溯系统基本技术要求》是3项基础通用标准；《疫苗追溯基本数据集》《疫苗追溯数据交换基本技术要求》是根据疫苗管理的特殊性，为疫苗追溯量身定制的专门标准。具体而言，《药品信息化追溯体系建设导则》规定了药品信息化追溯体系的基本构成、功能要求以及各参与方的具体任务;《药品追溯码编码要求》规定了药品追溯码的具体要求,包括编码原则、编码对象和构成要求;《药品追溯系统基本技术要求》对企业自建或者第三方建设的药品追溯系统提出了系统功能、数据存储和安全运维等具体要求;《疫苗追溯基本数据集》对疫苗信息化追溯体系参与方提出了追溯信息采集和存储的具体要求;《疫苗追溯数据交换基本技术要求》对疫苗信息化追溯体系参与方提出了追溯数据传输和交换的具体技术要求。

14 疫苗研制、生产、检验等过程中的生物安全管理要求是什么?

疫苗研制、生产、检验等过程中的生物安全管理要求主要指针对菌毒株、细胞株的使用要求。毒株、细胞筛选是保证疫苗安全、有效、持续供应的基础保障。以病毒疫苗为例,实验室阶段需进行毒株的筛选、必要的毒株减毒、毒株对培育细胞基质适应及传代过程中的稳定性研究,并探索工艺质量稳定性,建立动物模型等。疫苗研制、生产、检验等过程也需要保证菌毒株、细胞株的合理使用。菌毒株等病原微生物的生物安全管理,对于保护实验室工作人员和公众健康也具有重要意义。

《疫苗管理法》第十一条规定,疫苗研制、生产、检验等过程中应当建立健全生物安全管理制度，严格控制生物安全风险，加强菌毒株等病原微生物的生物安全管理，保护操作人员和公众的健康，保证菌毒株等病原微生物用途合法、正当。疫苗研制、生产、检验等使用的菌毒株和细胞株，应当明确历史、生物学特征、代次，建立详细档案，保证来源合法、清晰、可追溯；来源不明的，不得使用。

15 疫苗科普宣传的要求是什么?

由于民众对预防接种知识的认知程度与其对预防接种的信任度、接种意愿存在密切联系，因此，有必要加强对疫苗接种知识等的宣传教育，帮助民众正确了解疫苗接种的相关知识。1986 年，经国务院批准，全国计划免疫协调领导小组成立，并确定每年 4 月 25 日为全国儿童预防接种日，以提高公众接种疫苗的积极性。此外，有关疫苗的宣传报道应当全面、科学、客观、公正。如果公众对疫苗和预防接种信心不足，将有可能导致儿童家长拒绝为儿童接种疫苗；不接种疫苗会使人群的接种率下降，人群免疫屏障降低，相应的传染病可能会暴发流行。如 2003 年 8 月在尼日利亚，有人毫无根据地宣称，接种脊髓灰质炎疫苗不安全，而且会导致儿童成年后不育，致使尼日利亚北部两个州停止接种脊髓灰质炎疫苗，其他州接种脊髓灰质炎疫苗者的比例也大大下降。其后果是脊髓灰质炎在尼日利亚北部暴发流行，最终导致尼日利亚成千上万的儿童瘫痪,该疾病向其他 19 个无脊髓灰质炎病例的国家传播。此外,日本、英国等国家也曾发生过因预防接种不实信息散播导致民众抵制预防接种的情况,其后果是造成免疫空白,引起疫苗所针对的传染病暴发流行。

《疫苗管理法》第十二条规定,各级人民政府及其有关部门、疾病预防控制机构、接种单位、疫苗上市许可持有人和疫苗行业协会等应当通过全国儿童预防接种日等活动定期开展疫苗安全法律、法规以及预防接种知识等的宣传教育、普及工作。新闻媒体应当开展疫苗安全法律、法规以及预防接种知识等的公益宣传,并对疫苗违法行为进行舆论监督。有关疫苗的宣传报道应当全面、科学、客观、公正。

16 疫苗行业协会应当发挥哪些作用?

疫苗行业协会的主要任务是积极参与疫苗安全治理,建立健全行业自律规范,推动行业诚信体系建设,引导和督促企业依法开展生产经营活动,促进疫苗行业自我管理、自我规范、自我净化、自我提高。以中国疫苗行业协会(China Association for Vaccines, CAV)为例,其业务范围主要包括:(1)经政府有关部门授权开展疫苗及其相关生物制品行业信息统计,提出行业发展规划意见和重大政策法规建议;经政府有关部门授权,参与制定行业制度、规范和标准;(2)对会员单位提供依法合规和风险防控体系建设管理服务,开展以产品质量保证和服务质量保证为核心的文化建设和制度建设;(3)对会员单位提供有关研发、生产、经营、管理、服务、应用等方面的咨询和培训;(4)搭建国际交流平台,组织开展国际交往,扩大国际交流与合作;(5)依照有关规定编辑出版内部刊物和简报,及时为会员传递行业信息;(6)帮助会员单位开展有利于产业升级的新产品、新技术、新管理和新商业模式的推广应用;(7)受政府有关部门委托或根据市场和行业发展的需要组织行业内的研讨会、论坛和展览展示活动;(8)依法维护会员的合法权益,组织开展公益事业和有益于行业的其他活动;(9)承办政府主管部门委托的符合协会宗旨的有关事宜。

《疫苗管理法》第十三条规定,疫苗行业协会应当加强行业自律,建立健全行业规范,推动行业诚信体系建设,引导和督促会员依法开展生产经营等活动。

第二章　疫苗研制和注册

17　国家鼓励、支持疫苗研制的主要措施有哪些？

疫苗行业具有研发难度大、周期长、生产质量和工艺要求极高等特点，通常一个疫苗从研发到上市至少要经过 8 年甚至 20 年的漫长阶段。这就需要国家制定相关研制计划，支持新型疫苗特别是多联多价疫苗的研发和产业化，加强产业技术创新战略联盟等机制建设，通过国家科技计划（专项、基金等）、科技重大专项等科研项目支持符合条件的疫苗研发工作。目前，通过国家“重大新药创制”科技重大专项等项目，推动科研人员在创新疫苗领域取得重大突破。其中，2015 年 6 月 30 日，我国自主研制的国家 1.1 类创新疫苗产品 Sabin 株脊髓灰质炎灭活疫苗（单苗）正式上市，打破了发达国家对脊髓灰质炎灭活疫苗生产的垄断；2015 年 12 月 4 日，我国批准自主研发的预防用生物制品 1 类新药——肠道病毒 71 型灭活疫苗（人二倍体细胞）生产注册申请。在国内外尚无同类疫苗研发上市的情况下，突破了疫苗二倍体细胞规模化生产和质量控制关键技术的瓶颈，该疫苗的研发及使用对预防和控制手足口病的流行至关重要。

《疫苗管理法》第四条规定，国家坚持疫苗产品的战略性和公益性。国家支持疫苗基础研究和应用研究，促进疫苗研制和创新，将预防、控制重大疾病的疫苗研制、生产和储备纳入国家战略。国家制定疫苗行业发展规划和产业政策，支持疫苗产业发展和结构优化，鼓励疫苗生产规模化、集约化，不断提升疫苗生产工艺和质量水平。第十四条规定，国家根据疾病流行情况、人群免疫状况等因素，制定相关研制规划，安排必要资金，支持多联多价等新型疫苗的研制。国家组织疫苗上市许可持有人、科研单位、医疗卫生机构联合攻关，研制疾病预防、控制急需的疫苗。第十五条规定，国家鼓励疫苗上市许可持有人加大研制和创新资金投入，优化生产工艺，提升质量控制水平，推动疫苗技术进步。

政策链接

2016 年 10 月 26 日，工业和信息化部等六部委共同发布的《医药工业发展规划指南》（工信部联规〔2016〕350 号）提出，重点开发针对高致病性流感、疟疾、登革热、结核、艾滋病、埃博拉、寨卡、中东呼吸综合征等重大传染病的疫苗，提高疫苗的应急研发和产业化能力。加快十三价肺炎结合疫苗、宫颈癌疫苗、呼吸道合胞病毒疫苗等临床急需产品的开发及产业化。发展针对肿瘤、免疫系统疾病、感染性疾病的治疗性疫苗以及疫苗新型佐剂和新型细胞基质。发展多联多价疫苗、基因工程疫苗、病毒载体疫苗、核酸疫苗等新型疫苗，实现部分免疫规划疫苗的升级换代。

18 哪些机构可以申请开展疫苗临床试验？

疫苗临床试验，是指任何在人体（病人或者健康志愿者）进行的疫苗系统性研究，其证实或揭示试验疫苗的作用、不良反应及/或试验疫苗的吸收、分布、代谢和排泄，目的是确定试验疫苗的疗效与安全性。随着我国疫苗自主研发能力的不断提高，越来越多的创新疫苗进入临床试验阶段，临床试验中无法预知的风险对疫苗临床试验的质量管理提出了更高的要求。为保证疫苗临床试验的科学性，切实起到检验疫苗安全性、有效性的作用，需要对承担疫苗临床试验的机构设置严格的资格准入门槛。

《疫苗管理法》第十六条规定，开展疫苗临床试验，应当经国务院药品监督管理部门依法批准。疫苗临床试验应当由符合国务院药品监督管理部门和国务院卫生健康主管部门规定条件的三级医疗机构或者省级以上疾病预防控制机构实施或者组织实施。国家鼓励符合条件的医疗机构、疾病预防控制机构等依法开展疫苗临床试验。

为加强疫苗临床试验质量管理、促进临床试验质量的提高、保障受试者权益与安全,2013 年 10 月 31 日,国家食品药品监督管理总局印发了《疫苗临床试验质量管理指导原则(试行)》(食药监药化管〔2013〕228 号),对疫苗临床试验中的职责要求、实施条件、试验方案、组织实施、伦理审查、试验用疫苗管理、生物样本管理、合同管理、数据管理和统计分析、质量管理等作出规定。《疫苗临床试验质量管理指导原则(试行)》第七条规定,疫苗临床试验的负责机构应具备如下条件:(1)建立完善的疫苗临床试验组织管理体系和质量管理体系。临床试验管理科室负责疫苗临床试验的组织管理和实施,配备科室负责人、科室秘书、质量控制人员和资料档案管理员等,具有经过 GCP 和疫苗临床试验技术培训,能够承担疫苗临床试验所必需的流行病学和实验室检验的临床研究专业人员。(2)具有防范和处理疫苗临床试验中突发事件的管理机制和措施,有严重不良事件(SAE)应急处理专家队伍及处理严重不良事件的技术能力。(3)具有完善的疫苗运送、储藏冷链设备,可保证试验用疫苗、样本安全储备和运送。(4)具有所管辖的临床试验现场,有疫苗相关疾病流行病学本底资料和疫苗覆盖信息,所管辖区域受试者资源满足疫苗临床试验需要。(5)制定、修订和定期审阅管理制度和标准操作规程(SOP),进行培训并有培训记录,确保各试验现场准确执行相关管理制度和标准操作规程。(6)建立完善的教育培训和考核制度,制定年度培训计划,对本机构及试验现场的研究人员进行 GCP 及疫苗临床试验技术等相关培训，并有培训记录。

19 对疫苗临床试验申办者的基本要求是什么？

由于疫苗具有其内在和应用特殊性（如来源于活生物体且组成复杂），用于健康人群且以儿童为主要接种对象，因此在安全性和有效性方面有其特殊的要求。在疫苗临床试验过程中，疫苗的剂量、类型，受试者的个体差异等因素都有可能造成受试者正常的细胞、组织器官出现不同程度的损伤，受试者出现或轻或重的药物不良反应等情形。这就要求疫苗临床试验申办者制定科学合理的疫苗临床试验方案，根据不同的临床试验阶段，选择合理的受试者，并注重保护受试者的合法权益。

疫苗临床试验分为四期，即Ⅰ期、Ⅱ期、Ⅲ期和Ⅳ期。Ⅰ期重点观察安全性，观察对象应健康，一般为成人。Ⅱ期试验目的是观察或者评价疫苗在目标人群中是否能获得预期效果（通常指免疫原性）和一般安全性信息。Ⅲ期试验的目的是全面评价疫苗的保护效果和安全性，该期是获得注册批准的基础。Ⅳ期临床试验是疫苗注册上市后，对疫苗实际应用人群的安全性和有效性进行综合评价。在临床试验受试者的选择方面，Ⅰ期临床试验通常在健康、免疫功能正常的成人中进行。Ⅱ期、Ⅲ期则应选择能代表将来免疫接种的目标人群。若疫苗接种对象为儿童或其他特殊人群，通常应在健康成人中进行Ⅰ期试验之后，再在小规模目标人群中接种；用于婴幼儿的疫苗，在进行人体安全性评价时，应按先成人、后儿童、最后婴幼儿的顺序（各20～30人）分步进行。

《疫苗管理法》第十七条规定，疫苗临床试验申办者应当制定临床试验方案，建立临床试验安全监测与评价制度，审慎选择受试者，合理设置受试者群体和年龄组，并根据风险程度采取有效措施，保护受试者合法权益。

此外，疫苗临床试验的开展还应当遵守《疫苗临床试验技术指导原则》《疫苗临床试验质量管理指导原则（试行）》《疫苗临床试验严重不良事件报告管理规定（试行）》《预防用疫苗临床前研究技术指导原则》《生物制品生产工艺过程变更管理技术指导原则》《联合疫苗临床前和临床研究技术指导原则》《多肽疫苗生产及质控技术指导原则》《结合疫苗质量控制和临床研究技术指导原则》《预防用疫苗临床试验不良反应分级标准指导原则》《药物临床试验质量管理规范》《临床试验数据管理工作技术指南》等规章制度。

其中，《疫苗临床试验技术指导原则》（国食药监注〔2004〕575号）规定，疫苗临床试验方案基本要求包括：目的和简介、研究现场（简要描述）、研究者、背景和原理、疫苗临床前研究和实验室评价、产品特性简介（疫苗制备及检定的详细资料）、主要和次要研究目的、试验设计（包括假设、终点、研究计划、样本量、研究时间等）、受试人群入选及排除标准、方法和程序（包括入选、分组、接种、随访、实验室方法、统计计划和分析）、临床试验的监控（包括资料监控、试验方法和资料的质量保证）、时间表（包括入选开始和终结，随访的项目、间隔及终点，报告日期）、伦理学批准。

20 如何保障疫苗临床试验中受试者的知情同意权？

知情同意，是指向受试者告知一项试验的各方面情况后，受试者自愿确认其同意参加该项临床试验的过程，须以签名和注明日期的知情同意书作为文件证明。知情同意书，是每位受试者表示自愿参加某一试验的文件证明。研究者需向受试者说明试验性质、试验目的、可能发生的风险、可供选用的其他治疗方法以及符合《赫尔辛基宣言》规定的受试者的权利和义务等，使受试者充分了解后表达其意愿。根据《赫尔辛基宣言》的伦理学准则，受试者的安全、权益和意志高于研究的需要。机构在开展疫苗临床试验前，应当告知受试者临床试验的基本情况等信息。知情同意书的语言表述要通俗易懂、相关责任权利解释清晰；告知受试者研究的背景、方法以及可能存在的风险等；告知受试者参与临床试验所获得的报酬、与试验相关损伤的费用承担等信息。受试者在充分了解后，签署知情同意书方能参加试验。

《疫苗管理法》第十八条规定，开展疫苗临床试验，应当取得受试者的书面知情同意；受试者为无民事行为能力人的，应当取得其监护人的书面知情同意；受试者为限制民事行为能力人的，应当取得本人及其监护人的书面知情同意。

此外，根据《中华人民共和国民法总则》第二章第一节、第二节关于民事权利能力和民事行为能力、监护的相关规定，无民事行为能力人包括不满8周岁的未成年人、8周岁以上不能辨认自己行为的未成年人和不能辨认自己行为的成年人。限制民事行为能力人包括8周岁以上的未成年人和不能完全辨认自己行为的成年人。父母是未成年子女的监护人。未成年人的父母已经死亡或者没有监护能力的，由下列有监护能力的人按顺序担任监护人：(1)祖父母、外祖父母；(2)兄、姐；(3)其他愿意担任监护人的个人或者组织，但是须经未成年人住所地的居民委员会、村民委员会或者民政部门同意。无民事行为能力或者限制民事行为能力的成年人，由下列有监护能力的人按顺序担任监护人：(1)配偶；(2)父母、子女；(3)其他近亲属；(4)其他愿意担任监护人的个人或者组织，但是须经被监护人住所地的居民委员会、村民委员会或者民政部门同意。

案例链接

2019年，由我国科学家自主研发的具有完全自主知识产权的艾滋病候选疫苗(DNA - rTV)在北京和浙江两家医院开展临床试验，招募160名符合条件的健康受试者。该试验获得了国务院药品监督管理部门的临床试验批件，并经过该两家医院伦理委员会的批准。成为受试者的条件之一是“能够理解并同意知情同意书的内容”。受试者报名后，工作人员安排其与医生见面，医生会当面进行问询，告知风险，确认受试者是否参加临床试验。愿意参加的受试者签署知情同意书并进行体检，通过体检后正式进入临床试验。参与整个临床试验的受试者会获得相应的补助金。

21 疫苗注册申请有哪些要求?

药品注册，是指药品注册申请人依照法定程序和相关要求提出药物临床试验、药品上市许可、再注册等申请以及补充申请，药品监督管理部门基于法律法规和现有科学认知进行安全性、有效性和质量可控性等审查，决定是否同意其申请的活动。药品注册是世界各国通用的药品管理模式之一，是对药品市场准入进行的一种行政许可行为，其出发点和核心在于采用规范的法定程序严格管理药品的市场准入，以保障上市药品的安全性、有效性和质量可控性。

《疫苗管理法》第十九条第一款规定，在中国境内上市的疫苗应当经国务院药品监督管理部门批准，取得药品注册证书；申请疫苗注册，应当提供真实、充分、可靠的数据、资料和样品。

《药品管理法》第二十四条规定，在中国境内上市的药品,应当经国务院药品监督管理部门批准,取得药品注册证书;申请药品注册,应当提供真实、充分、可靠的数据、资料和样品,证明药品的安全性、有效性和质量可控性。第二十五条第一款规定,对申请注册的药品,国务院药品监督管理部门应当组织药学、医学和其他技术人员进行审评,对药品的安全性、有效性和质量可控性以及申请人的质量管理、风险防控和责任赔偿等能力进行审查;符合条件的,颁发药品注册证书。

此外,2020 年 1 月 22 日,国家市场监督管理总局发布新的《药品注册管理办法》,该办法自 2020 年 7 月 1 日起施行。《药品注册管理办法》第四条规定,药品注册按照中药、化学药和生物制品等进行分类注册管理。中药注册按照中药创新药、中药改良型新药、古代经典名方中药复方制剂、同名同方药等进行分类。化学药注册按照化学药创新药、化学药改良型新药、仿制药等进行分类。生物制品注册按照生物制品创新药、生物制品改良型新药、已上市生物制品(含生物类似药)等进行分类。中药、化学药和生物制品等药品的细化分类和相应的申报资料要求,由国家药品监督管理局根据注册药品的产品特性、创新程度和审评管理需要组织制定,并向社会公布。

22 疫苗优先审评审批的范围及其程序是什么？

为了加强药品注册管理，加快具有临床价值的新药和临床急需仿制药的研发上市，解决药品注册申请积压的矛盾，我国鼓励进行药品优先审评审批。《2018 年度药品审评报告》显示，四价流感病毒裂解疫苗和口服 I 型 III 型脊髓灰质炎减毒活疫苗（人二倍体细胞）因重大公共卫生需要被纳入 2018 年优先审评药品名单。

《疫苗管理法》第十九条第二款规定，对疾病预防、控制急需的疫苗和创新疫苗，国务院药品监督管理部门应当予以优先审评审批。

《药品管理法》第十六条第三款规定，国家采取有效措施，鼓励儿童用药品的研制和创新，支持开发符合儿童生理特征的儿童用药品新品种、剂型和规格，对儿童用药品予以优先审评审批。第九十六条规定，国家鼓励短缺药品的研制和生产，对临床急需的短缺药品、防治重大传染病和罕见病等疾病的新药予以优先审评审批。

《药品注册管理办法》第六十八条规定，药品上市许可申请时，以下具有明显临床价值的药品，可以申请适用优先审评审批程序：（1）临床急需的短缺药品、防治重大传染病和罕见病等疾病的创新药和改良型新药；（2）符合儿童生理特征的儿童用药品新品种、剂型和规格；（3）疾病预防、控制急需的疫苗和创新疫苗；（4）纳入突破性治疗药物程序的药品；(5)符合附条件批准的药品；(6)国家药品监督管理局规定其他优先审评审批的情形。

此外，根据2017年12月21日国家食品药品监督管理总局发布的《关于鼓励药品创新实行优先审评审批的意见》(食药监药化管〔2017〕126号)规定，优先审评审批的范围包括三类。第一类是具有明显临床价值，符合下列情形之一的药品注册申请：(1)未在中国境内外上市销售的创新药注册申请。(2)转移到中国境内生产的创新药注册申请。(3)使用先进制剂技术、创新治疗手段、具有明显治疗优势的药品注册申请。(4)专利到期前3年的药品临床试验申请和专利到期前1年的药品生产申请。(5)申请人在美国、欧盟同步申请并获准开展药物临床试验的新药临床试验申请；在中国境内用同一生产线生产并在美国、欧盟药品审批机构同步申请上市且通过了其现场检查的药品注册申请。(6)在重大疾病防治中具有清晰的临床定位的中药(含民族药)注册申请。(7)列入国家科技重大专项、国家重点研发计划，以及由国家临床医学研究中心开展临床试验并经中心管理部门认可的新药注册申请。第二类是防治下列疾病且具有明显临床优势的药品注册申请：(1)艾滋病；(2)肺结核；(3)病毒性肝炎；(4)罕见病；(5)恶性肿瘤；(6)儿童用药品；(7)老年人特有和多发的疾病。第三类是其他情形，包括：(1)在仿制药质量一致性评价中，需改变已批准工艺重新申报的补充申请；(2)列入《关于开展药物临床试验数据自查核查工作的公告》的自查核查项目，申请人主动撤回并改为按与原研药质量和疗效一致的标准完善后重新申报的仿制药注册申请；(3)临床急需、市场短缺的药品注册申请；(4)在公共健康受到重大威胁情况下，对取得实施强制许可的药品注册申请，予以优先审评审批。

优先审评审批的范围和程序按以下规定执行：(1)新《药品注册管理办法》①发布前受理的药品注册申请，按照《关于鼓励药品创新实行优先审评审批的意见》规定的范围和程序执行。(2)新《药品注册管理办法》发布至实施前受理的药品注册申请，按照新《药品注册管理办法》规定的范围和《关于鼓励药品创新实行优先审评审批的意见》规定的程序执行。(3)新《药品注册管理办法》实施后受理的药品注册申请，按照新《药品注册管理办法》规定的范围和程序执行。

23 附条件批准疫苗注册申请和紧急使用的情形是什么？

一般来说，新药的安全性和有效性需要通过临床试验进行验证，绝大多数的新药上市申请批准必须基于Ⅲ期临床试验才能确证临床研究的临床终点结果。但对于治疗严重危

① 即2020年1月22日，国家市场监督管理总局令第27号发布的《药品注册管理办法》。

及生命且尚无有效治疗手段的疾病（如肺病、罕见病等）的药品以及公共卫生方面等急需的药品，为了加快此类新药的上市速度，国务院药品监督管理部门可以基于Ⅱ期关键临床研究中的替代指标暂时批准药品上市以满足临床的需求。这种批准是有条件的，即需要企业在药品上市后继续完成确证性临床研究证实药品获益后，申请获得完全批准。作为一条加速新药上市的快速通道，有条件批准并非我国首创，其很大部分借鉴了美国食品药品监督管理局（Food And Drug Administration，FDA）在1992年设立的“加速审批”（Accelerated Approval），即针对严重的危及生命的疾病，同意基于合理的替代终点或中间终点来加速药物的批准。国务院药品监督管理部门可以附条件批准疫苗注册申请，这实际上是在保障疫苗可及性和疫苗安全性之间的价值衡量，也体现了风险/收益评价的理念，践行了利弊权衡的精神。

《疫苗管理法》第二十条规定，应对重大突发公共卫生事件急需的疫苗或者国务院卫生健康主管部门认定急需的其他疫苗，经评估获益大于风险的，国务院药品监督管理部门可以附条件批准疫苗注册申请。出现特别重大突发公共卫生事件或者其他严重威胁公众健康的紧急事件，国务院卫生健康主管部门根据传染病预防、控制需要提出紧急使用疫苗的建议，经国务院药品监督管理部门组织论证同意后可以在一定范围和期限内紧急使用。

《药品管理法》第二十六条规定，对治疗严重危及生命且尚无有效治疗手段的疾病以及公共卫生方面急需的药品，药物临床试验已有数据显示疗效并能预测其临床价值的，可以附条件批准，并在药品注册证书中载明相关事项。

此外，《药品注册管理办法》规定了突破性治疗药物、附条件批准、特别审批等特殊程序。《药品注册管理办法》第五十九条规定，药物临床试验期间，用于防治严重危及生命或者严重影响生存质量的疾病，且尚无有效防治手段或者与现有治疗手段相比有足够证据表明具有明显临床优势的创新药或者改良型新药等，申请人可以申请适用突破性治疗药物程序。第六十三条规定，药物临床试验期间，符合以下情形的药品，可以申请附条件批准：（1）治疗严重危及生命且尚无有效治疗手段的疾病的药品，药物临床试验已有数据证实疗效并能预测其临床价值的；（2）公共卫生方面急需的药品，药物临床试验已有数据显示疗效并能预测其临床价值的；（3）应对重大突发公共卫生事件急需的疫苗或者国家卫生健康委员会认定急需的其他疫苗，经评估获益大于风险的。第七十二条规定，在发生突发公共卫生事件的威胁时以及突发公共卫生事件发生后，国家药品监督管理局可以依法决定对突发公共卫生事件应急所需防治药品实行特别审批。

案例链接

宫颈癌,又称子宫颈癌,是我国15~44岁女性中的第二大高发癌症,仅次于乳腺癌。宫颈癌是目前癌症中唯一病因明确、可早发现早预防的癌症。预防宫颈癌最直接、最有效的方法即接种HPV(人乳头状瘤病毒)疫苗。目前已通过国家药品监管部门批准在我国上市的有HPV二价、四价和九价疫苗,均为进口疫苗。这里的"价"代表了疫苗可预防的HPV病毒型类别:(1)二价疫苗。主要针对HPV16和HPV18两种亚型的疫苗,于0、1、6个月共接种3剂。二价HPV疫苗可以预防70%的宫颈癌的发生,但不能预防生殖器疣,接种对象为9~45岁的女性。(2)四价疫苗。可对抗HPV16、HPV18、HPV6和HPV11的感染,其中HPV6和HPV11亚型毒株是90%的生殖器疣的元凶。四价HPV疫苗于0、2、6个月共接种3剂,接种对象为20~45岁的女性。(3)九价疫苗。在四价HPV疫苗的基础上又增加了5种新的HPV类型,包括HPV31、HPV33、HPV45、HPV52和HPV58。九价HPV疫苗可以预防宫颈癌、外阴癌、肛门癌及阴道癌等癌症,也可预防生殖器疣等疾病,接种对象为16~26岁的女性。需要指出的是,接种HPV疫苗只能降低宫颈癌的发生,并不意味着杜绝宫颈癌。因此,无论接种二价、四价还是九价HPV疫苗,接种后仍需要定期进行宫颈癌筛查。

2018年4月20日，国家药品审评中心受理了九价HPV疫苗Gardasil 9的进口上市申请，将其纳入临床急需药品进入优先审评程序仅用了8天时间。国家药品监督管理局于2018年4月28日有条件地批准了九价HPV疫苗的上市申请，用于16~26岁的女性预防HPV引起的宫颈癌、外阴癌、阴道癌、肛门癌、生殖器疣、持续感染、癌前病变或不典型病变。此次有条件批准，是基于之前二价和四价HPV疫苗的获批数据，完全采用了全球境外临床试验数据，并提出在上市后进一步扩大中国人群临床研究和药学研究的要求。美国FDA批准九价HPV疫苗用于9~26岁的女性和男性接种，但此次在我国的有条件批准，仅批准了16~26岁的人群接种，这是因为境外数据对于9~15岁接种者仅进行了免疫桥接试验，且该试验东亚华裔人群的临床数据有限，不良反应较重，后续将根据我国临床研究结果判断是否扩大接种年龄。

24 疫苗说明书、标签的核准要求是什么?

药品说明书和标签是药品研发和注册上市审批重要的结论性文件之一，是包含药品安全性、有效性的重要科学数据、结论和信息，是指导上市药品安全合理使用的主要工具，也是国务院药品监督管理部门对上市药品进行监督和管理的重要依据。世界各国均把药品说明书和标签置于严格的法律法规监管之下，对其表述的格式和内容有明确的要求和规定。预防用生物制品多为疫苗，是一类重要的药品，由于其使用对象和适应症的特殊性，对它的监管和应用具有更为严格的管理要求。目前，疫苗说明书和标签主要根据《药品说明书和标签管理规定》《化学药品和治疗用生物制品说明书规范细则》《预防用生物制品说明书规范细则》等规定管理。

《疫苗管理法》第二十一条规定，国务院药品监督管理部门在批准疫苗注册申请时，对疫苗的生产工艺、质量控制标准和说明书、标签予以核准。国务院药品监督管理部门应当在其网站上及时公布疫苗说明书、标签内容。

《药品管理法》第二十五条第二款规定，国务院药品监督管理部门在审批药品时，对化学原料药一并审评审批，对相关辅料、直接接触药品的包装材料和容器一并审评，对药品的质量标准、生产工艺、标签和说明书一并核准。

此外，《预防用生物制品说明书规范细则》（国食药监注〔2006〕202号）规定了预防用生物制品说明书格式及其各项内容的书写要求。具体见下图所示。

预防用生物制品说明书格式

核准和修订日期

×××说明书

警示语位置

【药品名称】
通用名称：
商品名称：
英文名称：
汉语拼音：
【成份和性状】
【接种对象】
【作用与用途】
【规格】
【免疫程序和剂量】
【不良反应】
【禁忌】
【注意事项】
【贮藏】
【包装】
【有效期】
【执行标准】
【批准文号】
【生产企业】

上述各项内容的书写要求为：(1)核准和修订日期。核准日期为国家食品药品监督管理局①批准该药品注册的时间。修改日期为此后历次修改的时间。核准和修订日期应当印制在说明书首页左上角。修订日期位于核准日期下方，按时间顺序逐行书写。(2)说明书标题。"×××说明书"中的"×××"是指该药品的通用名称。(3)警示语。是指对药品严重不良反应及其潜在的安全性问题的警告，还可以包括药品禁忌、注意事项等需提示接种对象特别注意的事

① 2018年3月，第十三届全国人民代表大会第一次会议通过《国务院机构改革方案》，决定组建国家药品监督管理局，由国家市场监督管理总局管理，同时，不再保留国家食品药品监督管理总局。本书为保证引用法规的完整性，对机构名称未作修改，请读者对照使用，下同。

项。如有该方面内容,应当在说明书标题下以醒目的黑体字注明。无该方面内容的,不列该项。(4)药品名称。按下列顺序列出:通用名称(中国药典收载的品种,其通用名称应当与药典一致;药典未收载的品种,其名称应当符合药品通用名称命名原则)、商品名称(未批准使用商品名称的药品不列该项)、英文名称(无英文名称的药品不列该项)、汉语拼音。(5)成份和性状。包括该制品的主要成份(如生产用毒株或基因表达提取物等)和辅料、生产用细胞、简述制备工艺、成品剂型和外观等。冻干制品还应增加冻干保护剂的主要成份。(6)接种对象。应注明适宜接种的易感人群、接种人群的年龄、接种的适宜季节等。(7)作用与用途。应明确该制品的主要作用,如“用于×××疾病的预防”。(8)规格。明确该制品每1次人用剂量及有效成份的含量或效价单位,及装量(或冻干制剂的复溶后体积)。(9)免疫程序和剂量。应当明确接种部位、接种途径(如肌肉注射、皮下注射、划痕接种等)。特殊接种途径的应描述接种的方法、全程免疫程序和剂量(包括免疫针次、每次免疫的剂量、时间间隔、加强免疫的时间及剂量)。每次免疫程序因不同年龄段而不同的,应当分别作出规定。冻干制品应当规定复溶量及复溶所用的溶媒。(10)不良反应。包括接种后可能出现的偶然或者一过性反应的描述,以及对于出现的不良反应是否需要特殊处理。(11)禁忌。列出禁止使用或者暂缓使用该制品的各种情况。(12)注意事项。列出使用的各种注意事项。以特殊接种途径进行免疫的制品,应明确接种途径,如注明“严禁皮下或肌肉注射”。使用前检查包装容器、标签、外观、有效期是否符合要求。还包括疫苗包装容器开启时,对制品使用的要求(如需振摇),冻干制品的重溶时间等。疫苗开启后应在规定的时间内使用,以及由于接种该制品而出现的紧急情况的应急处理办法等。减毒活疫苗还需在该项下注明:本品为减毒活疫苗,不推荐在该疾病流行季节使用。(13)贮藏。应当按照规定明确该制品保存和运输的条件,尤其应当明确温度条件。(14)包装。包括直接接触药品的包装材料和容器及包装规格,并按该顺序表述。(15)有效期。以月为单位表述。(16)执行标准。包括执行标准的名称、版本,如《中国药典》2005 年版三部;或者药品标准编号,如 WS 4 -(S -067) -2005Z。(17)批准文号。指该药品的药品批准文号、进口药品注册证号或者医药产品注册证号。(18)生产企业。国产药品该项内容应当与药品生产许可证载明的内容一致,进口药品应当与提供的政府证明文件一致。并按下列方式列出:企业名称、生产地址、邮政编码、电话和传真号码(须标明区号)、网址(如无网址可不写,此项不保留)。

《药品说明书和标签管理规定》对疫苗在内的全部药品的标签管理作了具体规定,主要包括:(1)药品标签的内容。药品的标签是指药品包装上印有或者贴有的内容,分为内标签和外标签。药品内标签指直接接触药品的包装的标签,外标签指内标签以外的其他包装的标签。①药品内标签。药品内标签应当包含药品通用名称、适应症或者功能主治、规格、用法用量、生产日期、产品批号、有效期、生产企业等内容。包装尺寸过小无法全部标明上述内容的,至少应当标注药品通用名称、规格、产品批号、有效期等内容。②药品外标签。药品外标签应当注明药品通用名称、成份、性状、适应症或者功能主治、规格、用法用量、不良反应、禁忌、注意事项、贮藏、生产日期、产品批号、有效期、批准文号、生产企业等内容。适应症或者功能主治、用法用量、不良反应、禁忌、注意事项不能全部注明的,应当标出主要内容并注明"详见说明书"字样。③运输、贮藏标签。用于运输、贮藏的包装标签,至少应当注明药品通用名称、规格、贮藏、生产日期、产品批号、有效期、批准文号、生产企业,也可以根据需要注明包装数量、运输注意事项或者其他标记等必要内容。④原料药标签。原料药标签应当注明药品名称、贮藏、生产日期、产品批号、有效期、执行标准、批准文号、生产企业,同时还需注明包装数量以及运输注意事项等必要内容。(2)药品名称和注册商标的印制要求。①药品通用名称。药品通用名称应当显著、突出,其字体、字号和颜色必须一致,并符合以下要求:对于横版标签,必须在上 1/3 范围内显著位置标出;对于竖版标签,必须在右 1/3 范围内显著位置标出。不得选用草书、篆书等不易识别的字体,不得使用斜体、中空、阴影等形式对字体进行修饰。字体颜色应当使用黑色或者白色,与相应的浅色或者深色背景形成强烈反差。除因包装尺寸的限制而无法同行书写的,不得分行书写。②药品商品名称。药品商品名称不得与通用名称同行书写,其字体和颜色不得比通用名称更突出和显著,其字体以单字面积计不得大于通用名称所用字体的1/2。③注册商标。注册商标应当印刷在药品标签的边角,含文字的,其字体以单字面积计不得大于通用名称所用字体的1/4。(3)对同一药品生产企业生产的同一药品标签的规定。同一药品生产企业生产的同一药品,药品规格和包装规格均相同的,其标签的内容、格式及颜色必须一致;药品规格或者包装规格不同的,其标签应当明显区别或者规格项明显标注。(4)贮藏。对贮藏有特殊要求的药品,应当在标签的醒目位置注明。(5)有效期。预防用生物制品有效期的标注按照国家食品药品监督管理局批准的注册标准执行。有效期若标注到日,应当为起算日期对应年月日的前一天,若标注到月,应当为起算月份对应年月的前一月。

第三章　疫苗生产和批签发

25 如何取得疫苗的药品生产许可证？

在我国，开办药品生产企业必须经企业所在地省级人民政府药品监督管理部门批准并颁发药品生产许可证。该证是由药品监督管理部门依据相关法律法规进行审查，并对符合条件的药品生产企业授予生产药品资质的法律文件。药品生产企业的生产条件、生产能力是药品安全、有效、质量可控的基本前提。未取得药品生产许可证的药品生产企业，不得生产药品，否则将遭受处罚，甚至被追究刑事责任。我国是世界上最大的疫苗生产国。截至 2018 年 6 月底，我国共有 45 家疫苗生产企业，可生产 63 种疫苗，预防 34 种传染病，年产能超过 10 亿剂次。近年来我国已上市疫苗的质量标准均达到了世界卫生组织对疫苗产品的要求。但疫苗生产企业规模整体偏小，与全球疫苗市场集中度相比，国内较为分散。因此，需要国家制定政策推进疫苗生产规模化、集约化。

《疫苗管理法》第二十二条第一款、第二款规定，国家对疫苗生产实行严格准入制度。从事疫苗生产活动，应当经省级以上人民政府药品监督管理部门批准，取得药品生产许可证。

《药品管理法》第四十一条规定，从事药品生产活动，应当经所在地省、自治区、直辖市人民政府药品监督管理部门批准，取得药品生产许可证。无药品生产许可证的，不得生产药品。药品生产许可证应当标明有效期和生产范围，到期重新审查发证。

《药品管理法实施条例》第三条规定，开办药品生产企业，申办人应当向拟办企业所在地省、自治区、直辖市人民政府药品监督管理部门提出申请。省、自治区、直辖市人民政府药品监督管理部门应当自收到申请之日起 30 个工作日内，依据《药品管理法》第八条①规定的开办条件组织验收；验收合格的，发给药品生产许可证。

26 从事疫苗生产应当具备哪些条件?

《疫苗管理法》第二十二条第三款规定，从事疫苗生产活动，除符合《药品管理法》规定的从事药品生产活动的条件外，还应当具备下列条件：(1) 具备适度规模和足够的产

① 对应 2019 年修订后的《药品管理法》第四十二条。

能储备;(2)具有保证生物安全的制度和设施、设备;(3)符合疾病预防、控制需要。

《药品管理法》第四十二条规定,从事药品生产活动,应当具备以下条件:(1)有依法经过资格认定的药学技术人员、工程技术人员及相应的技术工人;(2)有与药品生产相适应的厂房、设施和卫生环境;(3)有能对所生产药品进行质量管理和质量检验的机构、人员及必要的仪器设备;(4)有保证药品质量的规章制度,并符合国务院药品监督管理部门依据该法制定的药品生产质量管理规范要求。

27 疫苗委托生产应当具备哪些条件和要求?

药品委托生产,是指药品生产企业(委托方)在因技术改造暂不具备生产条件和能力或产能不足暂不能保障市场供应的情况下,将其持有药品批准文号的药品委托其他药品生产企业(受托方)全部生产的行为,不包括部分工序的委托加工行为。委托生产是对现有药品生产的补充,是解决市场供应不足、满足临床用药需求的暂时性措施。只有在因技术改造暂不具备生产条件和能力或产能不足暂不能保障市场供应的情况下,药品生产企业方可申请委托生产。

《疫苗管理法》第二十二条第四款规定,疫苗上市许可持有人应当具备疫苗生产能力;超出疫苗生产能力确需委托生产的,应当经国务院药品监督管理部门批准。接受委托生产的，应当遵守该法规定和国家有关规定，保证疫苗质量。

这里的“国家相关规定”主要包括《药品委托生产监督管理规定》《药品生产监督管理办法》《药品生产质量管理规范》等。根据《药品委托生产监督管理规定》（国家食品药品监督管理总局公告2014年第36号）要求，委托方和受托方均应是持有与委托生产药品相适应的《药品生产质量管理规范》认证证书的药品生产企业。委托生产药品的双方应当签订书面合同，内容应当包括质量协议，明确双方的权利与义务，并具体规定双方在药品委托生产管理、质量控制等方面的质量责任及相关的技术事项，且应当符合国家有关药品管理的法律法规。其中，对于委托方的要求包括：（1）委托方应当取得委托生产药品的批准文号。（2）委托方负责委托生产药品的质量。（3）委托方应当对受托方的生产条件、技术水平和质量管理情况进行详细考查，向受托方提供委托生产药品的技术和质量文件，确认受托方具有受托生产的条件和能力。（4）委托生产期间，委托方应当对委托生产的全过程进行指导和监督，负责委托生产药品的批准放行。对于受托方的要求包括：（1）受托方应当严格执行质量协议，有效控制生产过程，确保委托生产药品及其生产符合注册和《药品生产质量管理规范》的要求。（2）委托生产药品的质量标准应当执行国家药品标准，其药品名称、剂型、规格、处方、生产工艺、原料药来源、直接接触药品的包装材料和容器、包装规格、标签、说明书、批准文号等应当与委托方持有的药品批准证明文件的内容相同。(3)在委托生产的药品包装、标签和说明书上，应当标明委托方企业名称和注册地址、受托方企业名称和生产地址。

28 疫苗上市许可持有人有哪些人员资质要求?

疫苗上市许可持有人，是指依法取得疫苗药品注册证书和药品生产许可证的企业。疫苗上市许可持有人与药品上市许可持有人有所不同，药品上市许可持有人，是指取得药品注册证书的企业或者药品研制机构等。药品上市许可持有人需要对药品的整个生命周期负责。

《疫苗管理法》第二十三条规定，疫苗上市许可持有人的法定代表人、主要负责人应当具有良好的信用记录，生产管理负责人、质量管理负责人、质量受权人等关键岗位人员应当具有相关专业背景和从业经历。疫苗上市许可持有人应当加强对前述规定人员的培训和考核，及时将其任职和变更情况向省、自治区、直辖市人民政府药品监督管理部门报告。

根据《药品生产质量管理规范》的规定，药品生产企业的关键人员应当为企业的全职人员，至少应当包括企业负责人、生产管理负责人、质量管理负责人和质量受权人。质量管理负责人和生产管理负责人不得互相兼任。质量管理负责人和质量受权人可以兼任。企业应当制定操作规程确保质量受权人独立履行职责，不受企业负责人和其他人员的干扰。企业生产管理负责人、质量管理负责人和质量受权人资质具体见表1所示。

表1　企业生产管理负责人、质量管理负责人和质量受权人资质

关键人员	资质
生产管理负责人	应当至少具有药学或相关专业本科学历（或中级专业技术职称或执业药师资格），具有至少3年从事药品生产和质量管理的实践经验，其中至少有1年的药品生产管理经验，接受过与所生产产品相关的专业知识培训。
质量管理负责人	应当至少具有药学或相关专业本科学历（或中级专业技术职称或执业药师资格），具有至少5年从事药品生产和质量管理的实践经验，其中至少有1年的药品质量管理经验，接受过与所生产产品相关的专业知识培训。
质量受权人	应当至少具有药学或相关专业本科学历（或中级专业技术职称或执业药师资格），具有至少5年从事药品生产和质量管理的实践经验，从事过药品生产过程控制和质量检验工作；应当具有必要的专业理论知识，并经过与产品放行有关的培训。

29 疫苗生产过程中应当遵守什么要求?

药品生产质量管理规范（Good Manufacturing Practices for Pharmaceutical Products，GMP）是世界各国对药品生产全过程监督管理普遍采用的法定技术规范，是药品生产和质量管理的基本准则。药品生产质量管理规范以其规范、科学、合理的规制，确保所生产药品的质量，最大限度减少生产中的污染、混淆、交叉污染和人为差错对产品质量的影响，旨在持续稳定地生产出符合预定用途和注册要求的药品，是质量管理的重要指标和有力依据。我国现行《药品生产质量管理规范》的内容包括总则、质量管理、机构与人员、厂房与设施、设备、物料与产品、确认与验证、文件管理、生产管理、质量控制与质量保证、委托生产与委托检验、产品发运与召回、自检、附则，共计 14 章 313 条。

《疫苗管理法》第二十四条规定，疫苗应当按照经核准的生产工艺和质量控制标准进行生产和检验，生产全过程应当符合药品生产质量管理规范的要求。疫苗上市许可持有人应当按照规定对疫苗生产全过程和疫苗质量进行审核、检验。第二十五条规定，疫苗上市许可持有人应当建立完整的生产质量管理体系，持续加强偏差管理，采用信息化手段如实记录生产、检验过程中形成的所有数据，确保生产全过程持续符合法定要求。

30 什么是疫苗批签发制度？

生物制品批签发，是指国务院药品监督管理部门对获得上市许可的疫苗类制品、血液制品、用于血源筛查的体外诊断试剂以及国务院药品监督管理部门规定的其他生物制品，在每批产品上市销售前或者进口时,指定药品检验机构进行资料审核、现场核实、样品检验的监督管理行为。未通过批签发的产品,不得上市销售或者进口。由于生物制品生产所用原材料、生产工艺、实验室检定方法的可变性以及制品(尤其是疫苗类制品)使用对象(健康人群,尤其是儿童)的特殊性,其质量控制尤为严格,应对其生产全过程进行控制。我国自 2001 年 12 月开始对百白破疫苗、卡介苗、脊髓灰质炎疫苗、麻疹疫苗、重组乙型肝炎疫苗 5 种计划免疫疫苗试行批签发管理;2006 年 1 月 1 日起对所有疫苗实施批签发管理;2008 年 1 月,将血液制品全部纳入批签发管理。同全球其他疫苗生产国相比,我国疫苗批签发具有企业数量多、疫苗品种多、签发批次多、受众人群多等特点,批签发任务十分繁重。

《疫苗管理法》第二十六条规定,国家实行疫苗批签发制度。每批疫苗销售前或者进口时,应当经国务院药品监督管理部门指定的批签发机构按照相关技术要求进行审核、检验。符合要求的,发给批签发证明;不符合要求的,发给不予批签发通知书。不予批签发的疫苗不得销售,并应当由省、自治区、直辖市人民政府药品监督管理部门监督销毁;不予批签发的进口疫苗应当由口岸所在地药品监督管理部门监督销毁或者依法进行其他处理。国务院药品监督管理部门、批签发机构应当及时公布上市疫苗批签发结果,供公众查询。

案例链接

2014年8月，国家食品药品监督管理总局发布的《中国食品药品检定研究院关于辽宁依生生物制药有限公司117批人用狂犬病疫苗问题的说明》中指出，中国食品药品检定研究院（以下简称中检院）在对辽宁依生生物制药有限公司（以下简称依生生物公司）申请的120批狂犬病疫苗批签发过程中，先后发现3批疫苗的多支样品无菌检验不合格，且多次复检细菌污染均显示阳性，提示其产品存在严重的大面积细菌污染问题，其余同一生产周期的117批疫苗也有可能存在被细菌污染的风险。疫苗染菌，是疫苗类产品最严重的质量安全问题。一旦接种染菌的狂犬病疫苗，会造成严重的健康危害，甚至危及接种者的生命。检查还发现，该企业无菌检验结果存在真实性问题，无菌生产区的微生物监测结果不可信，该企业的无菌保障关键环节存在严重问题。为此，中检院根据检验结果、现场检查情况和专家论证意见，对与3批无菌检验不合格疫苗处于同一生产周期的117批疫苗，作出不予批签发的决定，并向依生生物公司下达了书面通知。在此案例中，该疫苗未能取得批签发证明，不能进行上市销售，应当由省级药品监督管理部门监督销毁。

31 疫苗批签发机构的业务范围是什么？

根据《生物制品批签发管理办法》第四条的规定，食品药品监管总局主管全国生物制品批签发工作，负责规定批签发品种范围，指定批签发机构，指导批签发工作的实施。省、自治区、直辖市食品药品监督管理部门负责本行政区域批签发申请人的日常监管，协助批签发机构开展现场核实，组织批签发产品的现场抽样及批签发不合格产品的处置，对批签发过程中发现的违法违规行为进行调查处理。食品药品监管总局指定的批签发机构负责批签发的受理、资料审核、现场核实、样品检验等工作，并依法作出批签发决定。食品药品监管总局委托中检院组织制定批签发技术要求和技术考核细则，对拟承担批签发工作或者扩大批签发品种范围的药品检验机构进行能力评估和考核，对其他批签发机构进行业务指导、技术培训和考核评估。食品药品监管总局食品药品审核查验中心（以下简称核查中心）负责批签发过程中的现场检查工作。根据《生物制品批签发管理办法》第七条的规定，批签发机构及其所负责的批签发品种由食品药品监管总局确定。食品药品监管总局根据批签发工作需要，适时公布新增批签发机构及批签发机构扩增批签发品种的遴选标准和条件。

目前，国内的批签发检验机构有中检院和北京市药品检验所、上海市食品药品检验所、广东省药品检验所、湖北省药品监督检验研究院、四川省食品药品检验检测院、吉林省药品检验所以及甘肃省药品检验研究院。对于疫苗批签发，中检院可独立签发全部疫苗品种。7 个省级药品检验机构负责指定区域内企业疫苗产品的无菌及异常毒性等指定项目检验，并将结果报送中检院。上海市食品药品检验所除可进行上述提到的指定项目检验外，自 2013 年 4 月 9 日起，可独立签发指定区域内批签发申请人申报的流感疫苗。

7 个省级药品检验机构所负责批签发管理辖区如下。北京市药品检验所：北京市、天津市、河北省、山西省和内蒙古自治区。上海市食品药品检验所：上海市、山东省、江苏省和浙江省。广东省药品检验所：广东省、湖南省、福建省和海南省。湖北省药品监督检验研究院：湖北省、安徽省、江西省和河南省。四川省食品药品检验检测院：重庆市、四川省、云南省、贵州省、广西壮族自治区和西藏自治区。吉林省药品检验所：黑龙江省、吉林省和辽宁省。甘肃省药品检验研究院：陕西省、甘肃省、宁夏回族自治区、青海省和新疆维吾尔自治区。

32 疫苗批签发申请的主体及其提交的材料有哪些？

《疫苗管理法》第二十七条规定，申请疫苗批签发应当按照规定向批签发机构提供批生产及检验记录摘要等资料和同批号产品等样品。进口疫苗还应当提供原产地证明、批签发证明;在原产地免予批签发的,应当提供免予批签发证明。

此外,根据《生物制品批签发管理办法》第三条的规定,批签发申请人应当是持有药品批准证明文件的境内外制药企业。境外制药企业应当授权其驻我国境内办事机构或者我国境内企业法人作为代理人办理批签发。批签发产品应当按照食品药品监管总局核准的工艺生产。企业对批签发产品生产、检验等过程中形成的资料、记录和数据的真实性负责。批签发资料应当经企业质量受权人审核并签发。每批产品上市销售前或者进口时,批签发申请人应当主动提出批签发申请,依法履行批签发活动中的法定义务,保证申请批签发的产品质量可靠以及批签发申请资料、过程记录、试验数据和样品的真实性。

《生物制品批签发管理办法》第十五条规定,批签发申请人申请批签发时,应当提供以下证明性文件、资料及样品:(1)生物制品批签发申请表;(2)药品批准证明文件;(3)合法生产的证明性文件;(4)上市后变更的批准证明性文件;(5)药品生产企业质量受权人签字并加盖企业公章的批生产及检定记录摘要;(6)数量满足相应品种批签发检验要求的同批号产品,必要时提供与检验相关的中间产品、标准物质、试剂等材料;(7)质量受权人等关键人员变动情况的说明;(8)与产品质量相关的其他资料。进口疫苗类制品和血液制品应当同时提交生产企业所在国家或者地区的原产地证明以及药品管理当局出具的批签发证明文件，并提供经公证的中文译本。进口产品在本国免予批签发的，应当提供免予批签发的证明性文件。相关证明性文件为复印件的，应当加盖企业公章。生物制品批生产及检定记录摘要，是指概述某一批生物制品全部生产工艺流程和质量控制关键环节检验结果的文件。该文件应当由企业质量管理部门和质量受权人审核确定。

33 疫苗免予批签发的情形有哪些？

传染病，是指由各种病原体引起的能在人与人、动物与动物或人与动物之间相互传播的一类疾病。突发事件，是指突然发生，造成或者可能造成严重社会危害，需要采取应急处置措施予以应对的自然灾害、事故灾难、公共卫生事件和社会安全事件。由于传染病和突发事件具有突发性、公共性等属性，需要国家采取特定的控制措施，以防止损害的进一步发生。根据《2017 年生物制品批签发年报》显示，除 2015 年外，其余年份批签发合格率均在 99.60% 以上（具体见表 2 所示）。因此，在我国疫苗整体质量可控、疫苗生产企业生产基本稳定的前提下，当面临特定情形急需疫苗时，为了公共利益的考量，可以免予批签发。

《疫苗管理法》第二十八条规定，预防、控制传染病疫情或者应对突发事件急需的疫苗，经国务院药品监督管理部门批准，免予批签发。

表 2　2010 年至 2017 年疫苗批签发情况一览表

年度	品种（种）	申请签发数（批）	签发数（批/合格率）	签发量（亿人份）	拒签数（批）	拒签量（万人份）
2010	52	5002	4982（99.60%）	9.04	20	320.07
2011	49	4790	4779（99.77%）	7.69	11	37.23
2012	56	4894	4891（99.94%）	7.62	3	16.44
2013	55	5158	5154（99.92%）	7.40	4	37.22
2014	53	4197	4192（99.88%）	6.63	5	15.45
2015	51	4327	4146（95.82%）	5.65	181	526.34
2016	52	3950	3949（99.97%）	6.46	1	21.01
2017	50	4404	4388（99.64%）	7.12	16	80.68

34 疫苗批签发的审核、检验、检查与签发要求是什么?

《疫苗管理法》第二十九条规定，疫苗批签发应当逐批进行资料审核和抽样检验。疫苗批签发检验项目和检验频次应当根据疫苗质量风险评估情况进行动态调整。对疫苗批签发申请资料或者样品的真实性有疑问，或者存在其他需要进一步核实的情况的，批签发机构应当予以核实，必要时应当采用现场抽样检验等方式组织开展现场核实。第三十条规定，批签发机构在批签发过程中发现疫苗存在重大质量风险的，应当及时向国务院药品监督管理部门和省、自治区、直辖市人民政府药品监督管理部门报告。接到报告的部门应当立即对疫苗上市许可持有人进行现场检查，根据检查结果通知批签发机构对疫苗上市许可持有人的相关产品或者所有产品不予批签发或者暂停批签发，并责令疫苗上市许可持有人整改。疫苗上市许可持有人应当立即整改，并及时将整改情况向责令其整改的部门报告。

此外，《生物制品批签发管理办法》对疫苗批签发的审核、检验、检查、签发与格式作了具体规定。

(1)审核。批签发可以采取资料审核的方式，也可以采取资料审核和样品检验相结合的方式进行，并可根据需要进行现场核实。对不同品种所采用的批签发方式及检验项目和检验比例，由中检院负责组织论证，各批签发机构按照确定的批签发方式和检验要求进行检验。批签发机构在对具体品种的批签发过程中，可以根据该品种的工艺及质量控制成熟度和既往批签发等情况进行综合评估，动态调整该品种注册标准中的检验项目和检验频次。批签发产品出现不合格项目的，批签发机构应当对后续批次产品的相应项目增加检验频次。资料审核的内容包括：①申请资料内容是否符合要求；②生产用原辅材料、菌种、毒种、细胞等是否与食品药品监管总局批准的一致；③生产工艺和过程控制是否与食品药品监管总局批准的一致并符合药典要求；④产品原液、半成品和成品的检验项目、检验方法和结果是否符合药典和药品注册标准的要求；⑤产品关键质量指标趋势分析是否存在异常；⑥产品包装、标签及说明书是否与食品药品监管总局核准的内容一致；⑦其他需要审核的项目。

（2）检验。有下列情形之一的，产品应当按照注册标准进行全部项目检验，至少连续生产的 3 批产品批签发合格后，方可进行部分项目检验：①批签发申请人新获食品药品监管总局批准上市的产品；②生产场地发生变更并经批准的；③生产工艺发生变更并经批准的；④产品连续两年未申请批签发的；⑤因违反相关法律法规被责令停产后经批准恢复生产的；⑥有信息提示相应产品的质量或者质量控制可能存在潜在风险的；⑦其他需要进行连续 3 批全部项目检验的情形。

（3）检查。有下列情形之一的，批签发机构应当通知企业所在地省、自治区、直辖市食品药品监督管理部门，并责令企业分析查找原因，向核查中心提出现场检查建议，同时报告食品药品监管总局：①无菌等重要安全性指标检验不合格的；②效力等有效性指标连续两批检验不合格的；③资料审核提示产品生产质量控制可能存在严重问题的；④批签发申请资料或者样品可能存在真实性问题的；⑤其他提示产品存在重大质量风险的情形。在上述问题调查处理期间，暂停受理该企业相应品种的批签发申请。

（4）签发。批签发机构根据资料审核、样品检验或者现场检查等结果作出批签发结论。符合要求的，签发生物制品批签发证明，加盖批签发专用章，发给批签发申请人。按照批签发管理的生物制品在销售时，应当出具该批产品的生物制品批签发证明复印件并加盖企业公章。有下列情形之一的，不予批签发，向批签发申请人出具生物制品不予批签发通知书，并抄送批签发申请人所在地省、自治区、直辖市食品药品监督管理部门：①资料审核不符合要求的；②样品检验不合格的；③现场检查发现违反药品生产质量管理规范、存在严重缺陷的；④现场检查发现产品存在系统性质量风险的；⑤批签发申请人无正当理由，未在规定时限内补正资料的；⑥其他不符合法律法规要求的。

（5）格式。生物制品批签发证明、生物制品不予批签发通知书、生物制品批签发复审结果通知书由批签发机构按照顺序编号，其格式为“批签×（进）检××××××××”，其中，前×符号代表批签发机构所在地省、自治区、直辖市行政区域或者机构的简称，进口生物制品使用“进”字；后8个×符号的前4位为公元年号，后4位为年内顺序号。

35 疫苗上市许可持有人应如何处理生产工艺偏差、质量差异、生产过程中的故障和事故？

由于疫苗生产技术门槛高，又是人员、物料、工艺、环境、设备等诸多要素共同整合的复杂过程，任何一个要素发生问题都会影响最终产品的质量。因此，在疫苗正式投产之前要对其生产环境、设备、工艺过程等做充分的验证，生产过程中要加强监控，必要时进行再验证和回顾性验证，才能避免生产工艺偏差、质量差异等问题的产生，从而充分保证疫苗的质量。

《疫苗管理法》第三十一条规定，对生产工艺偏差、质量差异、生产过程中的故障和事故以及采取的措施，疫苗上市许可持有人应当如实记录，并在相应批产品申请批签发的文件中载明；可能影响疫苗质量的，疫苗上市许可持有人应当立即采取措施，并向省、自治区、直辖市人民政府药品监督管理部门报告。

36 出口疫苗的要求是什么？

疾病流行无国界限制，如果其他国家未能及时有效获得疫苗保护，疾病仍有可能传入我国。疫苗出口涉及进口国的认证以及世界卫生组织对我国疫苗国家监管体系的认证，从法律上说，我国出口疫苗应当符合进口国或进口地区的标准和要求。2017 年,我国共签发成都生物制品研究所有限责任公司生产的乙型脑炎减毒活疫苗 6666.90 万人份,其中联合国儿童基金会采购 4475.11 万人份,共出口至 11 个国家,为国际儿童的健康做出了贡献,也为国家创汇近 3000 万美元。

《疫苗管理法》第九十八条规定,国家鼓励疫苗生产企业按照国际采购要求生产、出口疫苗。出口的疫苗应当符合进口国(地区)的标准或者合同要求。

第四章　疫 苗 流 通

37 疫苗采购主要有哪些形式？

我国自 2000 年确立药品集中招标采购机制以来，药品采购在降低药价、保证药品质量以及保持药品的稳定供应等方面发挥着重要作用。此外，2009 年新医改以来，在构建药品集中采购机制过程中，各地普遍反映专利药品和独家生产药品缺乏市场竞争、价格偏高，建议在推进药品集中采购过程中，采取统一谈判的方式，把价格降至合理区间，这也是国际通行的做法。

根据《疫苗管理法》第三十二条规定，国家免疫规划疫苗由国务院卫生健康主管部门会同国务院财政部门等组织集中招标或者统一谈判，形成并公布中标价格或者成交价格，各省、自治区、直辖市实行统一采购。国家免疫规划疫苗以外的其他免疫规划疫苗、非免疫规划疫苗由各省、自治区、直辖市通过省级公共资源交易平台组织采购。

38 如何制定疫苗的价格?

目前,我国实行并逐步完善宏观经济调控下主要由市场形成价格的机制。大多数商品和服务价格实行市场调节价,极少数商品和服务价格实行政府指导价或者政府定价。其中,市场调节价,是指由经营者自主制定,通过市场竞争形成的价格。政府指导价,是指依照法律规定,由政府价格主管部门或者其他有关部门,按照定价权限和范围规定基准价及其浮动幅度,指导经营者制定的价格。政府定价,是指依照法律规定,由政府价格主管部门或者其他有关部门,按照定价权限和范围制定的价格。我国麻醉药品和第一类精神药品实行政府指导价,其他药品实行市场调节价。

《疫苗管理法》第三十三条规定,疫苗的价格由疫苗上市许可持有人依法自主合理制定。疫苗的价格水平、差价率、利润率应当保持在合理幅度。

此外,《药品管理法》第八十四条规定,国家完善药品采购管理制度,对药品价格进行监测,开展成本价格调查,加强药品价格监督检查,依法查处价格垄断、哄抬价格等药品价格违法行为,维护药品价格秩序。第八十五条规定,依法实行市场调节价的药品,药品上市许可持有人、药品生产企业、药品经营企业和医疗机构应当按照公平、合理和诚实信用、质价相符的原则制定价格,为用药者提供价格合理的药品。药品上市许可持有人、药品生产企业、药品经营企业和医疗机构应当遵守国务院药品价格主管部门关于药品价格管理的规定，制定和标明药品零售价格，禁止暴利、价格垄断和价格欺诈等行为。

39 制定免疫规划疫苗使用计划的要求有哪些?

《疫苗管理法》第三十四条规定，省级疾病预防控制机构应当根据国家免疫规划和本行政区域疾病预防、控制需要，制定本行政区域免疫规划疫苗使用计划，并按照国家有关规定向组织采购疫苗的部门报告，同时报省、自治区、直辖市人民政府卫生健康主管部门备案。

40 疫苗供应的要求有哪些?

《疫苗管理法》第三十五条规定，疫苗上市许可持有人应当按照采购合同约定，向疾病预防控制机构供应疫苗。疾病预防控制机构应当按照规定向接种单位供应疫苗。疾病预防控制机构以外的单位和个人不得向接种单位供应疫苗，接种单位不得接收该疫苗。

41 疫苗配送的要求有哪些?

疫苗作为生物制品，对温度比较敏感，温度过高或过低都会对疫苗质量产生影响。为了保证疫苗的安全性、稳定性和抗原性，在疫苗运输和储存过程中需要配备很多专业设备，包括低温冷库、普通冷库、冷藏车、冰箱、冷藏箱（包）、冰排和温度监测器材或设备等。但是，综观我国药品冷链物流发展现状，还存在诸多问题，如配送成本较高、缺乏完善的行业规范、物流信息技术落后、缺乏专业人才、市场化程度低等。在这种环境下，委托符合条件的疫苗配送单位来配送疫苗，对保证疫苗质量具有较好的作用。

《疫苗管理法》第三十六条规定，疫苗上市许可持有人应当按照采购合同约定，向疾病预防控制机构或者疾病预防控制机构指定的接种单位配送疫苗。疫苗上市许可持有人、疾病预防控制机构自行配送疫苗应当具备疫苗冷链储存、运输条件，也可以委托符合条件的疫苗配送单位配送疫苗。疾病预防控制机构配送非免疫规划疫苗可以收取储存、运输费用，具体办法由国务院财政部门会同国务院价格主管部门制定，收费标准由省、自治区、直辖市人民政府价格主管部门会同财政部门制定。

政策链接

《疫苗储存和运输管理规范（2017 年版）》（国卫疾控发〔2017〕60 号）提出冷链设备维护周期和使用年限参考标准，具体见表 3 所示。

表 3　冷链设备维护周期和使用年限参考标准

设备名称	建议维护周期	建议使用年限	参考依据
冷藏车	500～700 小时进行一次维护和保养	10～15 年/40～60 万公里	机动车强制报废标准规定
疫苗运输车	一般 5000 公里维护一次	15 年	机动车强制报废标准规定
低温冷库	每年至少全面维护一次	8～10 年	中华人民共和国机械行业标准 JB/T 9061－1999/冷库管理规范
普通冷库	每年至少全面维护一次	8～10 年	中华人民共和国机械行业标准 JB/T 9061－1999/冷库管理规范
低温冰箱	根据需要定期除霜	8～10 年	中华人民共和国医用低温保存箱国家标准 GBT 20154
普通冰箱		8～10 年	中华人民共和国医疗器械行业标准 YY 0086－2007
冷藏箱(包)	每次使用后进行清洁和擦拭	在保证封闭和保温状态正常的情况下可长期使用	WHO/EPI/LHIS/9707(E4/PROC/1)

42 疫苗储存、运输的要求有哪些?

加强疫苗储存和运输过程中的质量管理,是保证疫苗质量、保障预防接种的安全性和有效性非常重要的一环。《中华人民共和国药典》《疫苗储存和运输管理规范(2017 年版)》《预防接种工作规范》等都明确规定了疫苗冷链储存、运输和冷链监测的要求。各级政府应支持疫苗储存和运输所需要的冷链设备建设,各级疾病预防控制机构应对疫苗储存和运输进行有效管理,确保疫苗在规定的温度条件下冷链储存、运输。目前,我国已经建立了相对完善的冷链系统,覆盖全国各级疾病预防控制机构和接种单位。基层接种点主要通过冰箱、冷藏箱(包)等设备来保证疫苗的冷链储存、运输和使用。

《疫苗管理法》第三十七条规定,疾病预防控制机构、接种单位、疫苗上市许可持有人、疫苗配送单位应当遵守疫苗储存、运输管理规范,保证疫苗质量。疫苗在储存、运输全过程中应当处于规定的温度环境,冷链储存、运输应当符合要求,并定时监测、记录温度。疫苗储存、运输管理规范由国务院药品监督管理部门、国务院卫生健康主管部门共同制定。

为规范疫苗储存、运输,加强疫苗质量管理,保障预防接种的安全性和有效性,2017 年 12 月 15 日,国家卫生计生委、国家食品药品监管总局印发了《疫苗储存和运输管理规范(2017 年版)》。其第五条规定,疾病预防控制机构、接种单位、疫苗生产企业、疫苗配送企业、疫苗仓储企业应当装备保障疫苗质量的储存、运输冷链设施设备。第十一条规定,疾病预防控制机构、接种单位应当按以下要求对疫苗的储存温度进行监测和记录。(1)采用自动温度监测器材或设备对冷库进行温度监测,须同时每天上午和下午至少各进行一次人工温度记录(间隔不少于6小时),填写“冷链设备温度记录表”。(2)采用温度计对冰箱(包括普通冰箱、低温冰箱)进行温度监测,须每天上午和下午各进行一次温度记录(间隔不少于6小时),填写“冷链设备温度记录表”。温度计应当分别放置在普通冰箱冷藏室及冷冻室的中间位置,低温冰箱的中间位置。每次应当测量冰箱内存放疫苗的各室温度,冰箱冷藏室温度应当控制在2℃~8℃,冷冻室温度应当控制在≤-15℃。有条件的地区或单位可以应用自动温度监测器材或设备对冰箱进行温度监测记录。(3)可采用温度计对冷藏箱(包)进行温度监测,有条件的地区或单位可以使用具有外部显示温度功能的冷藏箱(包)。第十二条规定,疫苗配送企业、疾病预防控制机构、接种单位应当对疫苗运输过程进行温度监测,并填写“疫苗运输温度记录表”。(1)记录内容包括疫苗运输工具、疫苗冷藏方式、疫苗名称、生产企业、规格、批号、有效期、数量、用途、启运和到达时间、启运和到达时的疫苗储存温度和环境温度、启运至到达行驶里程、送/收疫苗单位、送/收疫苗人签名。(2)运输时间超过6小时,须记录途中温度。途中温度记录时间间隔不超过6小时。

43 疫苗上市许可持有人销售疫苗时应提供的证明文件有哪些？

《疫苗管理法》第三十八条规定，疫苗上市许可持有人在销售疫苗时，应当提供加盖其印章的批签发证明复印件或者电子文件；销售进口疫苗的，还应当提供加盖其印章的进口药品通关单复印件或者电子文件。疾病预防控制机构、接种单位在接收或者购进疫苗时，应当索取前款规定的证明文件，并保存至疫苗有效期满后不少于5年备查。

此外，根据《疫苗储存和运输管理规范(2017年版)》第十六条的规定，疾病预防控制机构、接种单位在接收或者购进疫苗时，应当索取和检查疫苗生产企业或疫苗配送企业提供的《生物制品批签发合格证》复印件，进口疫苗还应当提供《进口药品通关单》复印件。收货时应当核实疫苗运输的设备类型、本次运输过程的疫苗运输温度记录，对疫苗运输工具、疫苗冷藏方式、疫苗名称、生产企业、规格、批号、有效期、数量、用途、启运和到达时间、启运和到达时的疫苗储存温度和环境温度等内容进行核实并做好记录。(1)对于资料齐全、符合冷链运输温度要求的疫苗，方可接收。(2)对资料不全、符合冷链运输温度要求的疫苗，接收单位可暂存该疫苗。待补充资料，符合前述要求后办理接收入库手续。(3)对不能提供本次运输过程的疫苗运输温度记录或不符合冷链运输温度要求的疫苗，不得接收或购进。疫苗储存、运输过程中温度异常的处理，按照相关规定执行。

44 疫苗流通过程中相关记录的要求是什么？

《疫苗管理法》第三十九条规定，疫苗上市许可持有人应当按照规定，建立真实、准确、完整的销售记录，并保存至疫苗有效期满后不少于5年备查。疾病预防控制机构、接种单位、疫苗配送单位应当按照规定，建立真实、准确、完整的接收、购进、储存、配送、供应记录，并保存至疫苗有效期满后不少于5年备查。疾病预防控制机构、接种单位接收或者购进疫苗时，应当索取本次运输、储存全过程温度监测记录，并保存至疫苗有效期满后不少于5年备查；对不能提供本次运输、储存全过程温度监测记录或者温度控制不符合要求的，不得接收或者购进，并应当立即向县级以上地方人民政府药品监督管理部门、卫生健康主管部门报告。

45 疫苗定期检查制度的主要内容是什么？

《疫苗管理法》第四十条规定，疾病预防控制机构、接种单位应当建立疫苗定期检查制度，对存在包装无法识别、储存温度不符合要求、超过有效期等问题的疫苗，采取隔离存放、设置警示标志等措施，并按照国务院药品监督管理部门、卫生健康主管部门、生态环境主管部门的规定处置。疾病预防控制机构、接种单位应当如实记录处置情况，处置记录应当保存至疫苗有效期满后不少于 5 年备查。

此外，《疫苗储存和运输管理规范（2017 年版）》第十九条规定，疫苗生产企业、疫苗配送企业、疫苗仓储企业应当定期对储存的疫苗进行检查并记录。对超过有效期或储存温度不符合要求的疫苗，应当采取隔离存放、暂停发货等措施。

第五章　预 防 接 种

46 如何进行国家免疫规划疫苗种类的制定和调整?

国家免疫规划，是指按照国家确定的疫苗品种、免疫程序或者接种方案，在人群中有计划地进行预防接种，以预防和控制特定传染病的发生和流行。我国通过实施国家免疫规划，有效地保护了广大人民群众的健康和生命安全。

国家免疫规划的制定，需要考虑全国范围内的传染病流行情况、人群免疫状况等因素。在确定纳入免疫规划疫苗的种类时，需要综合考虑传染病流行情况、疾病负担、疫苗的有效性和安全性、疫苗生产企业的供应能力、接种利弊和社会效益等多方面因素，进行成本效益分析。国家免疫规划专家咨询委员会根据上述因素开展论证，提出将有关疫苗纳入或退出国家免疫规划的建议。政府将根据国家免疫规划专家咨询委员会的建议，逐步推动将安全、有效、财政可负担的非免疫规划疫苗纳入国家免疫规划，使民众享受到更加优质的接种服务。

《疫苗管理法》第四十一条规定，国务院卫生健康主管部门制定国家免疫规划；国家免疫规划疫苗种类由国务院卫生健康主管部门会同国务院财政部门拟订，报国务院批准后公布。国务院卫生健康主管部门建立国家免疫规划专家咨询委员会，并会同国务院财政部门建立国家免疫规划疫苗种类动态调整机制。省、自治区、直辖市人民政府在执行国家免疫规划时，可以根据本行政区域疾病预防、控制需要，增加免疫规划疫苗种类，报国务院卫生健康主管部门备案并公布。

目前，国家免疫规划疫苗包括儿童常规接种疫苗和重点人群接种疫苗。儿童常规接种疫苗，包括乙型肝炎疫苗（乙肝疫苗，HepB）、卡介苗（BCG）、脊髓灰质炎（脊灰）灭活疫苗（脊灰灭活疫苗，IPV）、口服脊灰减毒活疫苗（脊灰减毒活疫苗，OPV）、无细胞百日咳白喉破伤风联合疫苗（百白破疫苗，DTaP）、白喉破伤风联合疫苗（白破疫苗，DT）、麻疹风疹联合减毒活疫苗（麻风疫苗，MR）、麻疹腮腺炎风疹联合减毒活疫苗（麻腮风疫苗，MMR）、甲型肝炎减毒活疫苗（甲肝减毒活疫苗，HepA－L）、甲型肝炎灭活疫苗（甲肝灭活疫苗，HepA－I）、乙型脑炎减毒活疫苗（乙脑减毒活疫苗，JE－L）、乙型脑炎灭活疫苗（乙脑灭活疫苗，JE－I）、A群脑膜炎球菌多糖疫苗（A群流脑多糖疫苗，MPSV－A）、A群C群脑膜炎球菌多糖疫苗（A群C群流脑多糖疫苗，MPSV－AC）。重点人群接种疫苗，包括在重点地区对重点人群预防接种的出血热疫苗(EHF);发生炭疽和钩端螺旋体病疫情时,对重点人群应急接种的炭疽疫苗(Anth)和钩体疫苗(Lep)。

需要指出的是,允许省级人民政府报国务院卫生健康主管部门备案后即可增加免疫规划疫苗的种类,主要是基于有些疾病在某些地区并不存在,属于地方或者局部流行的;还有些疫苗价格较贵、产量有限,如肺炎疫苗,尚无法保证给全部儿童实行免费注射。

案例链接

国家在评估 HPV 疫苗是否纳入免疫规划疫苗时,很大程度上会受到以下因素的影响:预期需要接种的人数、疫苗价格、疫苗剂次数、宫颈癌筛查和治疗状况等。根据世界卫生组织统计,我国 HPV 疫苗接种适龄人群中 9~26 岁女性达 1.78 亿人(按 2017 年我国人口估算),需花费 6942 亿元(按国内接种九价疫苗每人需花费人民币 3900 元左右计算),远超我国基本公共卫生费用。鉴于目前 HPV 疫苗在我国上市时间不长,供应尚不充足,进口疫苗价格较高,优化接种方案仍需进一步研究,目前我国尚不具备免费接种 HPV 疫苗的条件。根据《中华人民共和国社会保险法》规定,应当由公共卫生负担的医疗费用不纳入基本医疗保险基金支付范围,因此,目前 HPV 疫苗在我国为非免疫规划疫苗,仍按照自费自愿的原则接种。

47 制定预防接种规范的要求有哪些?

每一种疫苗在上市之前均需经过科学、严格的临床实验,对其安全性和有效性进行评价,从中得出接种疫苗后的预防疾病血清学效果(抗体浓度)、不良反应发生的概率和使用禁忌等重要信息。临床试验还可得出疫苗需要接种几剂、多大剂量、间隔多长时间可以达到最佳免疫效果等信息。如乙肝疫苗、百白破疫苗、脊髓灰质炎疫苗等至少需要完成3剂接种才能使儿童产生足够的免疫力。有些疫苗在体内只能维持一段时间,待身体内抗体浓度降低时,应再接种,通过再次接种刺激机体产生抗体,使抗体维持在足以抵抗病原体的水平。由于不同的疫苗有着不同的免疫程序和使用原则,这就要求相关部门制定预防接种工作规划,以充分发挥疫苗的免疫效果,真正使疫苗起到控制所针对的传染病发生、保障民众生命健康权的作用。

《疫苗管理法》第四十二条规定,国务院卫生健康主管部门应当制定、公布预防接种工作规范,强化预防接种规范化管理。国务院卫生健康主管部门应当制定、公布国家免疫规划疫苗的免疫程序和非免疫规划疫苗的使用指导原则。省、自治区、直辖市人民政府卫生健康主管部门应当结合本行政区域实际情况制定接种方案,并报国务院卫生健康主管部门备案。

2016年12月6日,国家卫生计生委办公厅印发的《预防接种工作规范(2016 年版)》(国卫办疾控发〔2016〕51 号),对预防接种的组织机构、人员及职责,疫苗使用管理,冷链系统管理,预防接种服务,疑似预防接种异常反应的监测及处理,接种率监测,国家免疫规划疫苗针对传染病的监测与控制,实验室管理,资料管理,督导、考核与评价等作出规定。同日,国家卫生计生委办公厅印发的《国家免疫规划疫苗儿童免疫程序及说明(2016 年版)》(国卫办疾控发〔2016〕52 号),对国家免疫规划疫苗的免疫程序、一般原则、补种原则以及 14 种第一类疫苗的接种方法、注意事项作出了具体规定。

根据《国家免疫规划疫苗儿童免疫程序及说明(2016 年版)》规定,乙肝疫苗共接种 3 剂次。其中第 1 剂在新生儿出生后 24 小时内接种,第 2 剂在 1 月龄时接种,第 3 剂在 6 月龄时接种。若出生 24 小时内未及时接种,应尽早接种;对于未完成全程免疫程序者,需尽早补种,补齐未接种剂次即可;第 1 剂与第 2 剂间隔应≥28 天,第 2 剂与第 3 剂间隔应≥60 天。之所以要求第 1 剂在新生儿出生后 24 小时内接种,是因为乙肝主要经母婴传播、血液传播和性接触传播,其中母婴传播是乙型病毒感染后发生慢性乙肝的主要原因。经调查,乙肝病毒表面抗原阳性、乙肝 E 抗原阳性的母亲,其所生婴儿在出生后 24 小时内经接种乙肝疫苗后,仅有 4% 无法阻断乙肝母婴传播。但在出生 24 小时后接种的,有 20% 无法阻断乙肝母婴传播。也就是说,出生 24 小时后接种乙肝疫苗的婴儿无法阻断乙肝母婴传播的风险，是出生后24小时内接种风险的5倍。

48 是否需要制定非免疫规划疫苗使用指导原则？

非免疫规划疫苗品种多、规格各异、剂型复杂且社会需求大，但社会民众对非免疫规划疫苗的品种、作用、接种程序和接种禁忌等相关知识还缺乏全面了解和科学认识，基层接种单位在把握不同疫苗接种对象、选择接种程序、安排接种时间等方面也缺乏科学合理的指导原则。这些都导致公众在自愿选择、自费接种第二类疫苗时，产生该不该接种、该什么时候接种、该怎样接种等疑惑，从而影响非免疫规划疫苗的宣传推广、科学指导和合理应用。因此，根据《疫苗管理法》第四十二条第二款规定，国务院卫生健康主管部门应当制定、公布非免疫规划疫苗的使用指导原则。

实践中，我国已有部分省份针对非免疫规划疫苗制定出台了预防接种指导意见。如2017年11月18日，江苏省卫生和计划生育委员会印发了《江苏省第二类疫苗预防接种指导意见(2017年版)》(苏卫疾控〔2017〕17号)，规定了重组b亚单位/菌体霍乱疫苗、冻干甲型肝炎减毒活疫苗、甲型肝炎灭活疫苗、甲型乙型肝炎联合疫苗、乙型肝炎疫苗等非免疫规划疫苗的免疫程序，具体见表4所示。

表 4　江苏省非免疫规划疫苗免疫程序建议表(2017 年版)

疫苗种类	接种年(月)龄																	
名称	出生	1 月	1.5 月	2 月	3 月	6 月	8 月	12 月	15 月	18 月	2 岁	3 岁	5 岁	6 岁	9 岁	≥10 岁	16 至 45 岁	46 岁以上
重组 b 亚单位/菌体霍乱疫苗											接种 3 剂次(0、7、28 天各 1 剂),可于流行季节前加强 1 剂							
冻干甲型肝炎减毒活疫苗										接种 1 剂								
甲型肝炎灭活疫苗								接种 2 剂次(0、6 月各 1 剂)										
甲型乙型肝炎联合疫苗								接种 3 剂次(0、1、6 月各 1 剂)										
乙型肝炎疫苗	接种 3 剂次(0、1、6 月各 1 剂),60 微克重组乙肝疫苗接种 1 剂																	
戊型肝炎疫苗																	接种 3 剂次(0、1、6 月各 1 剂)	
麻腮风联合减毒活疫苗							接种 1 剂											
麻疹风疹联合减毒活疫苗							接种 1 剂											
麻疹腮腺炎联合减毒活疫苗							接种 1 剂											
腮腺炎减毒活疫苗							接种 1 剂											

续表

疫苗种类	接种年(月)龄																	
名称	出生	1 月	1.5 月	2 月	3 月	6 月	8 月	12 月	15 月	18 月	2 岁	3 岁	5 岁	6 岁	9 岁	≥10 岁	16 至 45 岁	46 岁以上
双价肾综合征出血热灭活疫苗																	接种 2 剂次(0、14 天各 1 剂),1 年后加强 1 剂	
人用狂犬病疫苗	按说明书接种。暴露前:接种 3 剂次(0、7、21 或 28 天各 1 剂) 暴露后:五针法(0、3、7、14、28 天各 1 剂)或四针法(0 天 2 剂,7、21 天各 1 剂)																	
乙型脑炎灭活疫苗							接种 4 剂次(8 月龄接种 2 剂,间隔 7～10 天;2 岁、6 岁各 1 剂)											
伤寒 Vi 多糖疫苗											按说明书接种 1 剂							
ACYW135 群脑膜炎球菌多糖疫苗											按说明书接种 1～2 剂							
AC 群脑膜炎球菌多糖结合疫苗					按说明书接种 1～3 剂													
AC 群脑膜炎球菌–Hib 联合疫苗				按说明书接种 1～3 剂														
b 型流感嗜血杆菌(Hib)疫苗				按说明书接种 1～4 剂														
DTaP–Hib 联合疫苗					接种 4 剂次(3、4、5 月龄和 18–24 月龄各 1 剂)													

续表

<table>
<tr><th>疫苗种类</th><th colspan="18">接种年(月)龄</th></tr>
<tr><th>名称</th><th>出生</th><th>1 月</th><th>1.5 月</th><th>2 月</th><th>3 月</th><th>6 月</th><th>8 月</th><th>12 月</th><th>15 月</th><th>18 月</th><th>2 岁</th><th>3 岁</th><th>5 岁</th><th>6 岁</th><th>9 岁</th><th>≥10 岁</th><th>16 至 45 岁</th><th>46 岁以上</th></tr>
<tr><td>DTaP – IPV/Hib 联合疫苗</td><td></td><td></td><td></td><td colspan="8">接种 4 剂次(2、3、4 月龄和 18 月龄各 1 剂)</td><td></td><td></td><td></td><td></td><td></td><td></td><td></td></tr>
<tr><td>流行性感冒疫苗</td><td></td><td></td><td></td><td></td><td></td><td colspan="13">按说明书接种,6 月龄至 3 岁接种 2 剂次(间隔 2 – 4 周),3 岁以上儿童和成人每年接种 1 剂</td></tr>
<tr><td>肠道病毒 71 型灭活疫苗</td><td></td><td></td><td></td><td></td><td></td><td colspan="7">按说明书接种 2 剂(间隔 1 个月)</td><td></td><td></td><td></td><td></td><td></td><td></td></tr>
<tr><td>水痘减毒活疫苗</td><td></td><td></td><td></td><td></td><td></td><td></td><td></td><td colspan="11">按说明书接种 1 ~ 2 剂</td></tr>
<tr><td>口服轮状病毒活疫苗</td><td></td><td></td><td></td><td colspan="9">每年口服 1 剂</td><td></td><td></td><td></td><td></td><td></td><td></td></tr>
<tr><td>23 价肺炎球菌多糖疫苗</td><td></td><td></td><td></td><td></td><td></td><td></td><td></td><td></td><td></td><td></td><td colspan="8">接种 1 剂</td></tr>
<tr><td>13 价肺炎球菌结合疫苗</td><td></td><td></td><td colspan="7">基础接种 3 剂次(2、4、6 月龄),每剂间隔 4 – 8 周,首剂可于 6 周龄接种;12 – 15 月龄加强 1 剂</td><td></td><td></td><td></td><td></td><td></td><td></td><td></td><td></td><td></td></tr>
<tr><td>吸附破伤风疫苗</td><td></td><td></td><td></td><td></td><td></td><td></td><td></td><td></td><td></td><td></td><td></td><td></td><td></td><td colspan="5">接种 3 剂次,第 1、2 剂间隔 4 – 8 周,一年后接种第 3 剂</td></tr>
<tr><td>人乳头瘤病毒疫苗</td><td></td><td></td><td></td><td></td><td></td><td></td><td></td><td></td><td></td><td></td><td></td><td></td><td></td><td></td><td colspan="3">9 – 45 岁女性,按说明书接种 3 剂次</td><td></td></tr>
</table>

49 疾病预防控制机构在预防接种过程中的职责是什么?

《疫苗管理法》第四十三条规定,各级疾病预防控制机构应当按照各自职责,开展与预防接种相关的宣传、培训、技术指导、监测、评价、流行病学调查、应急处置等工作。

50 接种单位应具备哪些条件?

接种单位是实施免疫规划的根基。近年来,我国通过科学规划和设置接种单位,不断加强接种单位的规范化建设,完善接种实施条件,同时严管预防接种人员资质,加强预防接种人员的专业化培训,不断提升专业队伍技术水平。目前,我国共有 15.7 万个接种单位,预防接种人员约 40 万人,服务网络已覆盖全国城乡,服务能力明显提升,每年累计接种国家免疫规划疫苗约 4 亿剂次。

《疫苗管理法》第四十四条规定,接种单位应当具备下列条件:(1)取得医疗机构执业许可证;(2)具有经过县级人民政府卫生健康主管部门组织的预防接种专业培训并考核合格的医师、护士或者乡村医生;(3)具有符合疫苗储存、运输管理规范的冷藏设施、设备和冷藏保管制度。县级以上地方人民政府卫生健康主管部门指定符合条件的医疗机构承担责任区域内免疫规划疫苗接种工作。符合条件的医疗机构可以承担非免疫规划疫苗接种工作，并应当报颁发其医疗机构执业许可证的卫生健康主管部门备案。接种单位应当加强内部管理，开展预防接种工作应当遵守预防接种工作规范、免疫程序、疫苗使用指导原则和接种方案。各级疾病预防控制机构应当加强对接种单位预防接种工作的技术指导和疫苗使用的管理。

51 医疗卫生人员实施接种时有什么要求？

随着人们对预防接种的关注度和认知度越来越高，以及疫苗种类的不断增加，预防接种工作变得越来越复杂，对接种的要求也越来越高。医疗卫生人员实施接种时告知、询问和记录相关信息，能够有效地控制和预防接种过程中的相关风险，保护预防接种者的合法权益，使预防接种工作顺利完成。预防接种有哪些禁忌症？目前，除接种狂犬疫苗外，接种其他任何疫苗都有禁忌症，通常的禁忌症有正在患有严重器官疾病尤其是处于活动期的疾病、急性感染性疾病正在发热、对疫苗成份过敏等，免疫缺陷儿童不能接种活疫苗。在有明确禁忌症的时候，确实不能接种疫苗的，应待患者病好后再接种。

《疫苗管理法》第四十五条第一款和第二款规定，医疗卫生人员实施接种，应当告知受种者或者其监护人所接种疫苗的品种、作用、禁忌、不良反应以及现场留观等注意事项，询问受种者的健康状况以及是否有接种禁忌等情况，并如实记录告知和询问情况。受种者或者其监护人应当如实提供受种者的健康状况和接种禁忌等情况。有接种禁忌不能接种的，医疗卫生人员应当向受种者或者其监护人提出医学建议，并如实记录提出医学建议情况。医疗卫生人员在实施接种前，应当按照预防接种工作规范的要求，检查受种者健康状况、核查接种禁忌，查对预防接种证，检查疫苗、注射器的外观、批号、有效期，核对受种者的姓名、年龄和疫苗的品名、规格、剂量、接种部位、接种途径，做到受种者、预防接种证和疫苗信息相一致，确认无误后方可实施接种。

52 疫苗接种后现场留观期间及不良反应的处理要求是什么?

由于个体原因，极少数人在接种疫苗以后可能会发生过敏反应。监测数据表明，过敏性休克大多发生在接种后 30 分钟内，如果接种人发生过敏性休克后，不在医务人员的监护范围之内，就容易有生命危险。因此，接种人接种疫苗后，应严格在预防接种单位留观至少 30 分钟，接种现场必须配有医生和急救药品，以防止发生意外。如果监护人怀疑自己的孩子因接种疫苗发生了异常反应，应该及时向接种人员或疾病预防控制中心咨询或报告。

《疫苗管理法》第四十五条第三款规定，医疗卫生人员应当对符合接种条件的受种者实施接种。受种者在现场留观期间出现不良反应的，医疗卫生人员应当按照预防接种工作规范的要求，及时采取救治等措施。

根据《预防接种工作规范（2016 年版）》规定，接种人员对较为轻微的全身性一般反应和接种局部的一般反应，可给予一般的处理指导；对接种后现场留观期间出现的急性严重过敏反应等，应立即组织紧急抢救。对于其他较为严重的疑似预防接种异常反应，应建议及时到规范的医疗机构就诊。全身性一般反应和局部一般反应的临床表现、医疗卫生人员处置原则具体如下：

（1）全身性一般反应。临床表现有：①少数受种者接种灭活疫苗后 24 小时内可能出现发热，一般持续 1 ~ 2 天，很少超过 3 天；个别受种者在接种疫苗后 2 ~ 4 小时即有发热，6 ~ 12 小时达高峰；接种减毒活疫苗后，出现发热的时间比接种灭活疫苗稍晚，如接种麻疹疫苗后 6 ~ 10 天可能会出现发热，个别受种者可伴有轻型麻疹样症状。②少数受种者接种疫苗后，除出现发热症状外，还可能出现头痛、头晕、乏力、全身不适等情况，一般持续 1 ~ 2 天。个别受种者可出现恶心、呕吐、腹泻等胃肠道症状，一般以接种当天多见，很少超过 2 ~ 3 天。

处置原则为：①受种者发热在≤37.5℃时，应加强观察，适当休息，多饮水，防止继发其他疾病。②受种者发热 > 37.5℃或≤37.5℃并伴有其他全身症状、异常哭闹等情况，应及时到医院诊治。

(2)局部一般反应。临床表现有:①少数受种者在接种疫苗后数小时至24小时或稍后,局部出现红肿,伴疼痛。红肿范围一般不大,仅有少数人红肿直径>30mm,一般在24~48小时逐步消退。②接种卡介苗2周左右,局部可出现红肿浸润,随后化脓,形成小溃疡,大多在8~12周后结痂(卡疤),一般不需处理,但要注意局部清洁,防止继发感染。③部分受种者接种含吸附剂的疫苗,会出现因注射部位吸附剂未完全吸收,刺激结缔组织增生,而形成硬结。

处置原则为:①红肿直径和硬结<15mm的局部反应,一般不需任何处理。②红肿直径和硬结在15~30mm的局部反应,可用干净的毛巾先冷敷,出现硬结者可热敷,每日数次,每次10~15分钟。③红肿和硬结直径≥30mm的局部反应,应及时到医院就诊。④接种卡介苗出现的局部红肿,不能热敷。

53 如何办理预防接种证?

预防接种证是儿童预防接种的记录凭证。根据儿童基本情况可以推断以后需要接种的疫苗,确定如何与儿童的家长联系等;根据接种日期可以推断疫苗接种是否符合接种规范;当传染病暴发流行时,可以确定儿童是否需要接种疫苗;根据疫苗禁忌症发生情况,判断儿童是否可以接种疫苗;发生疫苗异常反应时,可以根据疫苗批号追溯疫苗是否存在质量问题;根据医生签字可以查到疫苗接种的具体责任人。此外,预防接种证也是儿童入托、入学时需要查询的凭证,因此监护人应当及时申请办理预防接种证,并让儿童按时接受预防接种。

《疫苗管理法》第四十七条第一款和第三款规定,国家对儿童实行预防接种证制度。在儿童出生后一个月内,其监护人应当到儿童居住地承担预防接种工作的接种单位或者出生医院为其办理预防接种证。接种单位或者出生医院不得拒绝办理。监护人应当妥善保管预防接种证。预防接种证的格式由国务院卫生健康主管部门规定。

此外,《传染病防治法》第十五条第二款规定,国家对儿童实行预防接种证制度。国家免疫规划项目的预防接种实行免费。医疗机构、疾病预防控制机构与儿童的监护人应当相互配合,保证儿童及时接受预防接种。

54 如何进行流动儿童的预防接种?

我国对流动儿童的预防接种实行属地化(现居住地)管理,流动儿童与本地儿童享受同样的预防接种服务。如果有≤6 周岁的孩子迁入其他省份,可直接携带原居住地卫生部门颁发的预防接种证到现居住地门诊接种疫苗。如之前未办理预防接种证或预防接种证遗失,可在现居住地接种单位补办预防接种证。

《疫苗管理法》第四十七条第二款规定，预防接种实行居住地管理，儿童离开原居住地期间，由现居住地承担预防接种工作的接种单位负责对其实施接种。

此外，《预防接种工作规范（2016 年版）》规定，在暂住地居住≥3 个月的流动儿童，由现居住地接种单位负责预防接种并建立预防接种卡（簿），无预防接种证者需同时建立或补办预防接种证。在暂住地居住 <3 个月的流动儿童，可由现居住地接种单位提供预防接种服务，并出具预防接种证明。接种单位对主动搜索到的适龄流动儿童，应当及时登记，按规定建立预防接种卡（簿），实行卡（簿）的分类管理，无预防接种证者需补办建立或补办预防接种证，并及时接种或补种疫苗。

55 查验预防接种证的目的是什么？

由于托幼机构和学校是人员密集场所，一旦发生传染病，极易导致传染病的暴发流行。从 2005 年开始，我国对入托、入学的儿童实行预防接种证检查制度，这样既可以提高适龄儿童国家免疫规划疫苗的接种率，又能发现漏种的疫苗并及时补种，还可以有效降低学校传染病的发生。预防接种证作为儿童预防接种的记录和凭证，真实记录着每个接种对象的疫苗接种情况，儿童基础免疫与加强免疫全部完成后，监护人应当妥善保管好预防接种证，以备入托、入学时查验。

《疫苗管理法》第四十八条规定，儿童入托、入学时，托幼机构、学校应当查验预防接种证，发现未按照规定接种免疫规划疫苗的，应当向儿童居住地或者托幼机构、学校所在地承担预防接种工作的接种单位报告，并配合接种单位督促其监护人按照规定补种。疾病预防控制机构应当为托幼机构、学校查验预防接种证等提供技术指导。儿童入托、入学预防接种证查验办法由国务院卫生健康主管部门会同国务院教育行政部门制定。

56 接种单位是否可以收取疫苗接种费用？

我国疫苗分为免疫规划疫苗和非免疫规划疫苗两种，前者是居民应当按照政府规定接种的疫苗，由政府免费向公民提供；后者是由居民自愿接种的其他疫苗。非免疫规划疫苗应当遵循“知情、自愿、自费”的接种原则。相关单位应当采取多种形式做好非免疫规划疫苗的宣传、告知等工作，使受种方了解疫苗针对疾病的防治知识，在知情的情况下，自主选择、自费接种非免疫规划疫苗。

《疫苗管理法》第四十九条规定，接种单位接种免疫规划疫苗不得收取任何费用。接种单位接种非免疫规划疫苗，除收取疫苗费用外，还可以收取接种服务费。接种服务费的收费标准由省、自治区、直辖市人民政府价格主管部门会同财政部门制定。

目前,我国相当一部分省级人民政府已经制定了接种服务费的收费标准。如 2018 年 2 月 28 日,江苏省物价局、江苏省财政厅发布的《关于第二类疫苗预防接种服务收费标准及有关问题的通知》(苏价医〔2018〕24 号)规定,第二类疫苗预防接种服务费收费标准为 20 元/剂次,预防接种服务包括健康状况询问、知情告知、注射、留观、耗材(含一次性注射器或自毁型注射器、各种消毒剂、棉球、棉签、纱布等)、接种信息服务。2019 年 3 月 5 日,山东省发展和改革委员会、山东省财政厅共同发布的《关于公布预防接种服务费收费标准的通知》(鲁发改成本〔2019〕200 号)规定,接种单位在接种第二类疫苗时,可以收取预防接种服务费(包括接种耗材费),收费标准为 22 元/剂次。

57 开展群体性预防接种的条件是什么?

群体性预防接种,是指在特定范围和时间内,针对可能受某种传染病感染的特定人群,有组织地集中实施预防接种的活动。从广义上说,群体性预防接种可分为强化免疫、应急接种和突击接种三类。强化免疫是根据传染病流行特征、人群免疫状况和传染病控制目标的要求,在短时间内对一定范围的目标人群开展的群体性接种。应急接种是在传染病开始流行或有流行趋势时,为控制疫情蔓延,对易感人群开展的预防接种活动。突击接种一般在边远地区，采取巡回入户方式，在一定时间内为目标儿童提供常规预防接种服务。这三种接种对保护人民群众的健康和避免传染病的大规模暴发具有重要作用。

《疫苗管理法》第五十条规定，县级以上地方人民政府卫生健康主管部门根据传染病监测和预警信息，为预防、控制传染病暴发、流行，报经本级人民政府决定，并报省级以上人民政府卫生健康主管部门备案，可以在本行政区域进行群体性预防接种。需要在全国范围或者跨省、自治区、直辖市范围内进行群体性预防接种的，应当由国务院卫生健康主管部门决定。作出群体性预防接种决定的县级以上地方人民政府或者国务院卫生健康主管部门应当组织有关部门做好人员培训、宣传教育、物资调用等工作。任何单位和个人不得擅自进行群体性预防接种。

58 如何采取应急接种措施?

应急接种，是在传染病开始流行或有流行趋势时，为控制疫情蔓延，对易感人群开展的预防接种活动。应急接种是现场流行病学中一项十分重要的应急干预措施，对于遏制传染病的传播蔓延具有特殊意义。应急预防接种与常规预防接种有着密切的联系，它运用预防接种的基本理论与技术，对某一地区特定人群进行应急预防接种干预，以达到预防疾病的目的。常规预防接种与应急预防接种的主要区别在于前者注重计划性,后者强调应急性。

《疫苗管理法》第五十一条规定,传染病暴发、流行时,县级以上地方人民政府或者其卫生健康主管部门需要采取应急接种措施的,依照法律、行政法规的规定执行。

此外,《突发公共卫生事件应急条例》第三十四条第二款规定,县级以上地方人民政府卫生行政主管部门应当对突发事件现场等采取控制措施,宣传突发事件防治知识,及时对易受感染的人群和其他易受损害的人群采取应急接种、预防性投药、群体防护等措施。

第六章　异常反应监测和处理

59　什么是预防接种异常反应?

预防接种异常反应是药品不良反应之一。药品不良反应(Adverse Drug Reaction, ADR),是指合格药品在正常用法用量下出现的与用药目的无关的有害反应。药品不良反应和药品不良事件含义有所不同。药品不良事件(Adverse Drug Event, ADE),是指药物在治疗过程中出现的不良临床事件,它不一定与该药物有因果关系。一般而言,药品不良反应是指因果关系已经确定的反应,而药品不良事件是指因果关系尚未确定的反应。药品不良反应中有两种特别重要的类型,即严重药品不良反应和新的药品不良反应。根据《药品不良反应报告和监测管理办法》规定,严重药品不良反应,是指因使用药品引起以下损害情形之一的反应:(1)导致死亡;(2)危及生命;(3)致癌、致畸、致出生缺陷;(4)导致显著的或者永久的人体伤残或者器官功能的损伤;(5)导致住院或者住院时间延长;(6)导致其他重要医学事件,如不进行治疗可能出现上述所列情况的。新的药品不良反应,是指药品说明书中未载明的不良反应。说明书中已有描述,但不良反应发生的性质、程度、后果或者频率与说明书描述不一致或者更严重的,按照新的药品不良反应处理。药品不良反应是药品固有的特性所引起的,疫苗也是药品,因此接种疫苗也可能会发生不良反应。

《疫苗管理法》第五十二条第一款规定,预防接种异常反应,是指合格的疫苗在实施规范接种过程中或者实施规范接种后造成受种者机体组织器官、功能损害,相关各方均无过错的药品不良反应。

预防接种异常反应主要有以下几个特点:(1)由疫苗固有性质引起。疫苗具有两重性,即疫苗既有预防疾病作用的一面,也有不良反应的另一面。大多数疫苗均有不同程度的毒副反应,只有在衡量有效性大于毒副反应,或可解除、缓解毒副作用的情况下才能使用某种疫苗。(2)发生频率相对较低。有资料显示,目前我国疫苗异常反应发生率与世界卫生组织公布的其他国家异常反应发生率基本持平。据世界卫生组织研究显示,卡介苗引起的淋巴结炎、骨髓炎、播散性感染发生率分别为1~10/万剂次、1~700/100万剂次、0.19~1.56/100万剂次;乙肝疫苗引起的过敏性休克为1.1/100万剂次;脊灰减毒活疫苗引起的疫苗相关麻痹型脊髓灰质炎首剂次为1/75万剂次,后续剂次为1/510万剂次;麻疹/麻风/麻腮风疫苗引起的过敏性休克为1/100万剂次。(3)反应程度相对较重，一般需要临床处置。如疫苗接种后可能出现的过敏性休克、过敏性喉头水肿、过敏性紫癜、血小板减少性紫癜、局部过敏坏死反应、热性惊厥、臂丛神经炎、疫苗相关麻痹型脊髓灰质炎、卡介苗骨炎、播散性卡介苗感染等严重过敏反应，需要及时采取相应的医疗措施。（4）反应多能恢复，极少数可能留有永久性损害。接种疫苗后常见的不良反应还有局部红肿、硬结、发热，同时可能伴有全身不适、倦怠、食欲不振、乏力等综合症状。这些多为一过性的生理机能障碍，经过休息或治疗即可痊愈。（5）接种疫苗合格。疫苗质量符合国家相关标准，不存在假药、劣药等情形。（6）接种实施规范。接种单位严格依照预防接种工作规范、免疫程序、疫苗使用指导原则、接种方案等规定给受种者进行接种。

案例链接

2019 年 12 月 27 日，中国疾病预防控制中心、国家药品不良反应监测中心发布了 2018 年全国预防接种异常反应监测信息概况。2018 年（2018 年 1 月 1 日零时至 12 月 31 日 24 时），我国（不含港澳台地区）报告接种疫苗 5.42 亿剂次，报告预防接种异常反应 15911 例，总报告发生率为 2.94/10 万剂次。我国异常反应报告发生率在世界卫生组织发布的疫苗异常反应预期范围内。15911 例异常反应中，主要为过敏性皮疹 12790 例、卡介苗淋巴结炎 537 例、血管性水肿 393

例。异常反应报告数较多的疫苗为麻疹风疹联合疫苗4240例、无细胞百白破联合疫苗2398例、乙型脑炎减毒活疫苗946例。其中,麻疹风疹联合疫苗主要反应为过敏性皮疹、血小板减少性紫癜、热性惊厥,分别报告4058例、28例、8例;无细胞百白破联合疫苗主要反应为过敏性皮疹、血管性水肿、无菌性脓肿,分别报告1908例、174例、41例;乙型脑炎减毒活疫苗主要反应为过敏性皮疹、热性惊厥、血小板减少性紫癜,分别报告854例、26例、7例。

60 不属于预防接种异常反应的情形有哪些?

《疫苗管理法》第五十二条第二款规定,下列情形不属于预防接种异常反应:(1)因疫苗本身特性引起的接种后一般反应;(2)因疫苗质量问题给受种者造成的损害;(3)因接种单位违反预防接种工作规范、免疫程序、疫苗使用指导原则、接种方案给受种者造成的损害;(4)受种者在接种时正处于某种疾病的潜伏期或者前驱期,接种后偶合发病;(5)受种者有疫苗说明书规定的接种禁忌,在接种前受种者或者其监护人未如实提供受种者的健康状况和接种禁忌等情况,接种后受种者原有疾病急性复发或者病情加重;(6)因心理因素发生的个体或者群体的心因性反应。

上述所称"一般反应",是指在免疫接种后发生的,由疫苗本身所固有的特性引起的,对机体只会造成一过性生理功能障碍的反应，主要有发热和局部红肿，同时可能伴有全身不适、倦怠、食欲不振、乏力等综合症状。“偶合发病”，是指受种者在接种时正处于某种疾病的潜伏期或者前驱期，接种后巧合发病。即无论疫苗接种与否，偶合症必定会发生，与预防接种的疫苗无关。疫苗接种率越高，疫苗品种越多，受种者人群自身疾病或基础疾病发生（死亡）率越高，则发生偶合的机会越多。“心因性反应”，是指在预防接种实施过程中或接种后因受种者心理因素发生的个体或者群体的反应。

以上述偶合发病为例，我国卫生服务需求调查结果显示，0～4 岁接种疫苗儿童两周内患病率为 17.4%，因此，儿童接种疫苗后，即使接种是安全的，在未来两周内，每 100 名接种疫苗的儿童中仍会有 17 名左右的儿童患其他疾病。尽管这些儿童所患疾病与疫苗接种无关，但由于时间上与接种有密切关联，就非常容易被误认为预防接种异常反应。再以新生儿接种乙肝疫苗偶合死亡为例，我国新生儿（0～28 天）死亡率为 10.7‰，全国每年出生儿童约为 1600 万名；据此推算，全国每年约有 17 万名新生儿死亡，即每天约有 460 余名新生儿死亡。按照我国乙肝疫苗免疫程序规定，乙肝疫苗在儿童出生后 24 小时内接种，以全国新生儿乙肝疫苗首针及时（出生后 24 小时内）接种率 75% 计算，则每天约 350 名新生儿死亡者接种了乙肝疫苗，即全国每天新生儿接种乙肝疫苗可能出现偶合死亡 350 起。

如何预防偶合发病？预防偶合发病的主要措施为严格掌握预防接种的禁忌症。目前，除接种狂犬病疫苗外，接种其他任何一种疫苗都有禁忌症。以麻疹疫苗的强化免疫为例，麻疹疫苗的禁忌症为：(1)正在患有严重器官疾病，尤其是处于活动期的疾病。包括曾患或正患多发性神经炎、格林巴利综合征、急性播散性脑脊髓炎、脑病、癫痫等严重神经系统疾病，或者其他进行性神经系统疾病。(2)急性感染性疾病，正在发热。(3)过敏体质。已知对该疫苗所含任何成分，包括辅料以及抗生素过敏者(如对硫酸庆大霉素或硫酸卡那霉素过敏)；曾患过敏性喉头水肿、过敏性休克、阿瑟氏反应、过敏性紫癜、血小板减少性紫癜等严重过敏性疾病。(4)免疫缺陷。包括存在免疫缺陷、免疫功能低下或正在接受免疫抑制治疗。

61 如何制定预防接种异常反应监测方案？

制定预防接种异常反应监测方案，旨在规范预防接种异常反应监测工作，调查核实预防接种异常反应发生情况和原因，为改进疫苗质量和提高预防接种服务质量提供依据。

《疫苗管理法》第五十三条规定，国家加强预防接种异常反应监测。预防接种异常反应监测方案由国务院卫生健康主管部门会同国务院药品监督管理部门制定。

62 疑似预防接种异常反应报告制度是什么?

疑似预防接种异常反应(Adverse Event Following Immunization,AEFI),是指在预防接种后发生的怀疑与预防接种有关的反应或事件。疑似预防接种异常反应主要包括三个方面的含义:(1)一定的时间关联。反应必须是在预防接种后一定的时间范围内发生;但有时间关联性,不等于有因果关联性。(2)一定的损害后果。反应必须存在一定的临床损害后果,如组织器官或功能方面的损害。(3)可疑的因果关联。反应与预防接种的疫苗可能存在因果关联,或暂时不能排除二者之间的因果关联;有因果关联性,必定存在时间关联性。

《疫苗管理法》第五十四条规定,接种单位、医疗机构等发现疑似预防接种异常反应的,应当按照规定向疾病预防控制机构报告。疫苗上市许可持有人应当设立专门机构,配备专职人员,主动收集、跟踪分析疑似预防接种异常反应,及时采取风险控制措施,将疑似预防接种异常反应向疾病预防控制机构报告,将质量分析报告提交省、自治区、直辖市人民政府药品监督管理部门。

63 疑似预防接种异常反应监测方案的具体内容是什么?

为做好疫苗使用安全性监测工作,2010 年 6 月 3 日,卫生部办公厅、国家食品药品监督管理局办公室印发了《全国疑似预防接种异常反应监测方案》(卫办疾控发〔2010〕94 号)。该方案的相关内容如下:

关于疑似预防接种异常反应的报告范围。按照发生时限分为以下情形:(1)24 小时内:如过敏性休克、不伴休克的过敏反应(荨麻疹、斑丘疹、喉头水肿等)、中毒性休克综合征、晕厥、癔症等;(2)5 天内:如发热(腋温≥38.6℃)、血管性水肿、全身化脓性感染(毒血症、败血症、脓毒血症)、接种部位发生的红肿(直径 >2.5cm)、硬结(直径 >2.5cm)、局部化脓性感染(局部脓肿、淋巴管炎和淋巴结炎、蜂窝组织炎)等;(3)15 天内:如麻疹样或猩红热样皮疹、过敏性紫癜、局部过敏坏死反应、热性惊厥、癫痫、多发性神经炎、脑病、脑炎和脑膜炎等;(4)6 周内:如血小板减少性紫癜、格林巴利综合征、疫苗相关麻痹型脊髓灰质炎等;(5)3 个月内:如臂丛神经炎、接种部位发生的无菌性脓肿等;(6)接种卡介苗后 1 ~12 个月:如淋巴结炎或淋巴管炎、骨髓炎、全身播散性卡介苗感染等;(7)其他:怀疑与预防接种有关的其他严重疑似预防接种异常反应。

关于疑似预防接种异常反应的报告主体、报告时限、报告对象。(1)医疗机构、接种单位、疾病预防控制机构、药品不良反应监测机构、疫苗生产企业、疫苗批发企业及其执行职务的人员为疑似预防接种异常反应的责任报告单位和报告人。受种者或其监护人可向责任报告单位和报告人报告。(2)责任报告单位和报告人发现属于报告范围的疑似预防接种异常反应(包括接到受种者或其监护人的报告)后,应及时向受种者所在地的县级卫生行政部门、药品监督管理部门报告;发现怀疑与预防接种有关的死亡、严重残疾、群体性疑似预防接种异常反应、对社会有重大影响的疑似预防接种异常反应时,应在发现后2 小时内向受种者所在地的县级卫生行政部门、药品监督管理部门报告,县级卫生行政部门、药品监督管理部门在2 小时内逐级向上一级卫生健康行政部门、药品监督管理部门报告。疑似预防接种异常反应的报告通过全国疑似预防接种异常反应信息管理系统进行网络直报。

关于需要调查的疑似预防接种异常反应、调查主体、调查时限。(1)除明确诊断的一般反应(如单纯发热、接种部位的红肿、硬结等)外,报告的其他疑似预防接种异常反应均需调查。(2)县级疾病预防控制机构对需要调查的疑似预防接种异常反应,应在接到报告后48 小时内组织开展调查。怀疑与预防接种有关的死亡、严重残疾、群体性疑似预防接种异常反应、对社会有重大影响的疑似预防接种异常反应,由市级或省级疾病预防控制机构在接到报告后立即组织专家组进行调查。

关于疑似预防接种异常反应调查诊断的主体、作出调查诊断结论的时限、疑似预防接种异常反应的判断依据。(1)需要进行调查诊断的疑似预防接种异常反应,由县级疾病预防控制机构组织专家进行调查诊断。死亡、严重残疾、群体性疑似预防接种异常反应、对社会有重大影响的疑似预防接种异常反应,由市级或省级疾病预防控制机构组织专家组进行调查诊断。专家组由流行病学、临床医学、药学等专家组成。(2)疑似预防接种异常反应的调查诊断结论应在调查结束后30天内尽早作出。调查诊断专家组应当依据法律、行政法规、部门规章和技术规范,结合临床表现、医学检查结果和疫苗质量检验结果等,进行综合分析,作出调查诊断结论。(3)当受种方、接种单位、疫苗生产企业对疑似预防接种异常反应调查诊断结论有争议时,按照《预防接种异常反应鉴定办法》的有关规定处理。

64 疑似预防接种异常反应鉴定及其调查处理的要求是什么?

《疫苗管理法》第五十五条规定,对疑似预防接种异常反应,疾病预防控制机构应当按照规定及时报告,组织调查、诊断,并将调查、诊断结论告知受种者或者其监护人。对调查、诊断结论有争议的,可以根据国务院卫生健康主管部门制定的鉴定办法申请鉴定。因预防接种导致受种者死亡、严重残疾,或者群体性疑似预防接种异常反应等对社会有重大影响的疑似预防接种异常反应,由设区的市级以上人民政府卫生健康主管部门、药品监督管理部门按照各自职责组织调查、处理。

为规范预防接种异常反应鉴定工作,2008 年 9 月 11 日,卫生部发布了《预防接种异常反应鉴定办法》,对预防接种异常反应的鉴定专家库、申请与受理、鉴定等内容作出了明确规定。

关于疑似预防接种异常反应鉴定的申请与受理。(1)县级卫生行政部门、药品监督管理部门接到疑似预防接种异常反应的报告后,对需要进行调查诊断的,交由县级疾病预防控制机构组织专家进行调查诊断。有下列情形之一的,应当由设区的市级或者省级预防接种异常反应调查诊断专家组进行调查诊断:①受种者死亡、严重残疾的;②群体性疑似预防接种异常反应的;③对社会有重大影响的疑似预防接种异常反应。(2)预防接种异常反应调查诊断专家组应当依据法律、行政法规、部门规章和技术规范,结合临床表现、医学检查结果和疫苗质量检验结果等,进行综合分析,作出调查诊断结论。调查诊断怀疑引起疑似预防接种异常反应的疫苗有质量问题的,药品监督管理部门负责组织对相关疫苗质量进行检验,出具检验结果报告。(3)受种方、接种单位、疫苗生产企业对预防接种异常反应调查诊断结论有争议时,可以在收到预防接种异常反应调查诊断结论之日起60日内向接种单位所在地设区的市级医学会申请进行预防接种异常反应鉴定,并提交预防接种异常反应鉴定所需的材料。对设区的市级医学会鉴定结论不服的,可以在收到预防接种异常反应鉴定书之日起15日内,向接种单位所在地的省、自治区、直辖市医学会申请再鉴定。

关于疑似预防接种异常反应的鉴定。(1)负责鉴定的医学会应当根据受理的预防接种异常反应鉴定所涉及的学科专业,确定专家鉴定组的构成和人数。专家鉴定组人数为5人以上单数。鉴定组成员存在可能影响公正鉴定情形的,应当回避。(2)专家鉴定组应当认真审阅有关资料,依照有关规定和技术标准,运用科学原理和专业知识,独立进行鉴定。在事实清楚的基础上,进行综合分析,作出鉴定结论,并制作鉴定书。鉴定结论应当按半数以上专家鉴定组成员的一致意见形成。专家鉴定组成员在鉴定结论上签名。专家鉴定组成员对鉴定结论的不同意见,应当予以注明。(3)预防接种异常反应鉴定书应当包括下列内容:①申请人申请鉴定的理由;②有关人员、单位提交的材料和医学会的调查材料;③接种、诊治经过;④对鉴定过程的说明;⑤预防接种异常反应的判定及依据;⑥预防接种异常反应损害程度分级。经鉴定不属于预防接种异常反应的,应当在鉴定书中说明理由。

65 对预防接种异常反应当如何补偿?

近年来,我国加强了对预防接种异常反应的监测和应急处置,但各地补偿办法规定不一,致使各地补偿机制和补偿标准不统一,甚至出现了接种者户籍地、接种地相关疾病预防控制部门相互推诿等情况。此外,预防接种异常反应还存在认定标准过于严格、补偿范围过于狭窄等问题。通过国家层面制定预防接种异常反应补偿范围、标准、程序并且落实到位,有利于推进受种者合法权益的保护。

《疫苗管理法》第五十六条第一款、第三款规定,国家实行预防接种异常反应补偿制度。实施接种过程中或者实施接种后出现受种者死亡、严重残疾、器官组织损伤等损害,属于预防接种异常反应或者不能排除的,应当给予补偿。补偿范围实行目录管理,并根据实际情况进行动态调整。预防接种异常反应补偿应当及时、便民、合理。预防接种异常反应补偿范围、标准、程序由国务院规定,省、自治区、直辖市制定具体实施办法。

66 预防接种异常反应补偿费用的来源有哪些?

因预防接种异常反应导致接种者残疾、死亡等,从统计学来看,是小概率事件,但一旦发生异常反应,对于接种家庭来说,却是百分之百的悲剧。因此,建立科学、合理的预防接种异常反应补偿机制，是公众关注的重点。目前，国家鼓励通过商业保险等形式建立对预防接种异常反应受种者予以补偿的机制，逐步建立包括基础保险、补充保险在内的多层次保险补偿体系，提高预防接种异常反应补偿的效率。

《疫苗管理法》第五十六条第二款规定，接种免疫规划疫苗所需的补偿费用，由省、自治区、直辖市人民政府财政部门在预防接种经费中安排；接种非免疫规划疫苗所需的补偿费用，由相关疫苗上市许可持有人承担。国家鼓励通过商业保险等多种形式对预防接种异常反应受种者予以补偿。

第七章　疫苗上市后管理

67　疫苗上市后管理的基本要求是什么?

由于医药技术水平的制约和上市前临床试验的局限性限制,任何获得上市的疫苗,均可能存在已知或尚未发现的异常反应风险;疫苗在生产、流通、接种等过程中,也可能由于各种人为或者客观因素,产生影响疫苗质量或者接种安全的风险。疫苗风险的来源可以分为天然风险和人为风险。天然风险既包括已知的疫苗异常反应、适应症禁忌等,也包括未发现的疫苗异常反应、特殊人群应用风险等,其主要受限于医药科技水平、管理水平和研究的局限性。人为风险既包括由于疫苗的设计缺陷、生产缺陷、标识缺陷所导致的疫苗在质量标准、处方工艺、原辅料、生产过程、适应症、说明书等方面存在的可能影响疫苗使用安全性的隐患,也包括使用假劣疫苗、不合理使用甚至滥用疫苗所导致的风险。开展疫苗上市后风险管理和疫苗上市后研究,有利于及时发现、识别、监测疫苗相关风险,并对疫苗风险和效益进行综合评估,以采取适当的干预策略与方法，降低疫苗风险。

《疫苗管理法》第五条规定，疫苗上市许可持有人应当加强疫苗全生命周期质量管理，对疫苗的安全性、有效性和质量可控性负责。从事疫苗研制、生产、流通和预防接种活动的单位和个人，应当遵守法律、法规、规章、标准和规范，保证全过程信息真实、准确、完整和可追溯，依法承担责任，接受社会监督。第五十七条规定，疫苗上市许可持有人应当建立健全疫苗全生命周期质量管理体系，制定并实施疫苗上市后风险管理计划，开展疫苗上市后研究，对疫苗的安全性、有效性和质量可控性进行进一步确证。对批准疫苗注册申请时提出进一步研究要求的疫苗，疫苗上市许可持有人应当在规定期限内完成研究；逾期未完成研究或者不能证明其获益大于风险的，国务院药品监督管理部门应当依法处理，直至注销该疫苗的药品注册证书。

68 生产工艺、生产场地、关键设备等发生变更的处理要求有哪些?

《疫苗管理法》第五十八条规定，疫苗上市许可持有人应当对疫苗进行质量跟踪分析，持续提升质量控制标准，改进生产工艺，提高生产工艺稳定性。生产工艺、生产场地、关键设备等发生变更的，应当进行评估、验证，按照国务院药品监督管理部门有关变更管理的规定备案或者报告；变更可能影响疫苗安全性、有效性和质量可控性的，应当经国务院药品监督管理部门批准。

此外，《药品生产质量管理规范》对药品生产过程中的变更控制作了规定。具体包括：(1)建立变更控制系统。对所有影响产品质量的变更进行评估和管理。需要经药品监督管理部门批准的变更应当在得到批准后方可实施。(2)建立操作规程。规定原辅料、包装材料、质量标准、检验方法、操作规程、厂房、设施、设备、仪器、生产工艺和计算机软件变更的申请、评估、审核、批准和实施。质量管理部门应当指定专人负责变更控制。(3)变更都应当评估其对产品质量的潜在影响。企业可以根据变更的性质、范围、对产品质量潜在影响的程度将变更分类(如主要、次要变更)。判断变更所需的验证、额外的检验以及稳定性考察应当有科学依据。(4)与产品质量有关的变更由申请部门提出后，应当经评估、制定实施计划并明确实施职责，最终由质量管理部门审核批准。变更实施应当有相应的完整记录。(5)改变原辅料、与药品直接接触的包装材料、生产工艺、主要生产设备以及其他影响药品质量的主要因素时，还应当对变更实施后最初至少3个批次的药品质量进行评估。如果变更可能影响药品的有效期，则质量评估还应当包括对变更实施后生产的药品进行稳定性考察。(6)变更实施时，应当确保与变更相关的文件均已修订。

69 疫苗说明书、标签的更新要求是什么？

疫苗说明书和标签是指导疫苗使用的重要依据，其在疫苗实际应用中还起着类“法”的作用。制定和修改疫苗说明书是生产企业的责任和法定义务。管理好疫苗说明书是保障公众安全接种疫苗的重要任务。由于上市前研究不可能完全体现与疫苗临床实际应用相关的所有安全性和有效性信息，上市后还需对说明书不断完善。申请人应当主动跟踪疫苗上市后的安全性、有效性情况，需要对疫苗说明书进行修改的，应当及时提出申请。

《疫苗管理法》第五十九条规定，疫苗上市许可持有人应当根据疫苗上市后研究、预防接种异常反应等情况持续更新说明书、标签，并按照规定申请核准或者备案。国务院药品监督管理部门应当在其网站上及时公布更新后的疫苗说明书、标签内容。

70 疫苗质量回顾分析和风险报告制度的要求是什么？

《疫苗管理法》第六十条规定，疫苗上市许可持有人应当建立疫苗质量回顾分析和风险报告制度，每年将疫苗生产流通、上市后研究、风险管理等情况按照规定如实向国务院药品监督管理部门报告。

此外，《药品生产质量管理规范》对药品生产过程中的产品质量回顾分析作了规定。具体包括：(1)应当按照操作规程，每年对所有生产的药品按品种进行产品质量回顾分析，以确认工艺稳定可靠，以及原辅料、成品现行质量标准的适用性，及时发现不良趋势，确定产品及工艺改进的方向。应当考虑以往回顾分析的历史数据，还应当对产品质量回顾分析的有效性进行自检。回顾分析应当有报告。企业至少应当对下列情形进行回顾分析：①产品所用原辅料的所有变更，尤其是来自新供应商的原辅料；②关键中间控制点及成品的检验结果；③所有不符合质量标准的批次及其调查；④所有重大偏差及相关的调查、所采取的整改措施和预防措施的有效性；⑤生产工艺或检验方法等的所有变更；⑥已批准或备案的药品注册所有变更；⑦稳定性考察的结果及任何不良趋势；⑧所有因质量原因造成的退货、投诉、召回及调查；⑨与产品工艺或设备相关的纠正措施的执行情况和效果；⑩新获批准和有变更的药品，按照注册要求上市后应当完成的工作情况；⑪相关设备和设施，如空调净化系统、水系统、压缩空气等的确认状态；⑫委托生产或检验的技术合同履行情况。(2)应当对回顾分析的结果进行评估，提出是否需要采取纠正和预防措施或进行再确认或再验证的评估意见及理由，并及时、有效地完成整改。(3)药品委托生产时，委托方和受托方之间应当有书面的技术协议，规定产品质量回顾分析中各方的责任，确保产品质量回顾分析按时进行并符合要求。

71 如何开展疫苗上市后评价？

疫苗上市后评价，是指根据医药最新科技水平，从药学、临床医学、药物流行病学、药物经济学以及监督管理等方面，对已批准上市的疫苗在人群中的疗效（有效性）、异常反应（安全性）、接种方案、稳定性等是否符合安全、有效、经济的合理用药原则做出科学评估的过程。由于疫苗上市前临床研究具有一定的局限性，如试验病例少、研究时间短、试验对象年龄范围窄、用药对象条件控制严格、研究目的单纯等，疫苗在上市前的安全性和有效性评价尚不充分；一些发生率较低或迟发的异常反应，往往在疫苗上市后经过一段时间广泛应用才会被发现；疫苗上市后适应人群和禁忌、药物相互作用以及接种方法与剂量等，也需要通过疫苗上市后的不断再评价加以确认和调整。疫苗上市后评价通过对疫苗安全性、有效性的评估和再确认，不仅可以弥补疫苗上市前研究的局限性，而且为决定疫苗继续上市还是将其淘汰等提供了重要依据。

《疫苗管理法》第六十一条规定，国务院药品监督管理部门可以根据实际情况，责令疫苗上市许可持有人开展上市后评价或者直接组织开展上市后评价。对预防接种异常反应严重或者其他原因危害人体健康的疫苗，国务院药品监督管理部门应当注销该疫苗的药品注册证书。第六十二条规定，国务院药品监督管理部门可以根据疾病预防、控制需要和疫苗行业发展情况，组织对疫苗品种开展上市后评价，发现该疫苗品种的产品设计、生产工艺、安全性、有效性或者质量可控性明显劣于预防、控制同种疾病的其他疫苗品种的，应当注销该品种所有疫苗的药品注册证书并废止相应的国家药品标准。

第八章　保障措施

72 预防接种经费保障的要求是什么？

《疫苗管理法》第六十三条规定，县级以上人民政府应当将疫苗安全工作、购买免疫规划疫苗和预防接种工作以及信息化建设等所需经费纳入本级政府预算，保证免疫规划制度的实施。县级人民政府按照国家有关规定对从事预防接种工作的乡村医生和其他基层医疗卫生人员给予补助。国家根据需要对经济欠发达地区的预防接种工作给予支持。省、自治区、直辖市人民政府和设区的市级人民政府应当对经济欠发达地区的县级人民政府开展与预防接种相关的工作给予必要的经费补助。第六十七条规定，各级财政安排用于预防接种的经费应当专款专用，任何单位和个人不得挪用、挤占。有关单位和个人使用预防接种的经费应当依法接受审计机关的审计监督。

73 解决疫苗供应短缺风险的机制是什么?

接种疫苗是预防控制疾病最重要、最经济、最有效的手段,各级药品监管部门应配合有关部门采取有效措施,及时解决疫苗供应过程中出现的问题,督促引导疫苗生产企业严格按计划组织生产,不得因暂时性销售困难随意减产或停产,影响疫苗的正常供应和接种工作,对公众健康造成潜在威胁。为有效解决疫苗短缺问题,保证疫苗产品持续稳定生产供应,各地应强化对疫苗生产流通的全过程监管,加大监督检查和产品抽验力度,要充分发挥监管部门的职能作用,寓监管于服务之中,积极帮助企业解决生产经营过程中遇到的问题,保证疫苗产品持续稳定生产。同时,各地应积极配合卫生健康主管部门和疾病预防控制机构做好疫苗采购工作,保障疫苗及时供应和预防接种工作顺利进行。

《疫苗管理法》第六十五条规定,国务院卫生健康主管部门根据各省、自治区、直辖市国家免疫规划疫苗使用计划,向疫苗上市许可持有人提供国家免疫规划疫苗需求信息,疫苗上市许可持有人根据疫苗需求信息合理安排生产。疫苗存在供应短缺风险时,国务院卫生健康主管部门、国务院药品监督管理部门提出建议,国务院工业和信息化主管部门、国务院财政部门应当采取有效措施,保障疫苗生产、供应。疫苗上市许可持有人应当依法组织生产,保障疫苗供应;疫苗上市许可持有人停止疫苗生产的,应当及时向国务院药品监督管理部门或者省、自治区、直辖市人民政府药品监督管理部门报告。

74 疫苗纳入战略物资储备的要求是什么?

我国是世界上自然灾害发生最为频繁的国家之一,人类遭遇过“非典”“禽流感”“甲型 H1N1 流感”“新冠肺炎”等疫情。由于突然事件具有偶然暴发的特征,依靠临床生产疫苗救急并不现实,因此必须防患于未然。根据 1999 年 6 月 14 日国家经济贸易委员会发布的《国家医药储备管理办法》(国经贸医药〔1999〕544 号)规定,中央和地方应分别建立医药储备体制。中央医药储备主要负责储备重大灾情、疫情及重大突发事故和战略储备所需的特种药品、专项药品及医疗器械;地方医药储备主要负责储备地区性或一般灾情、疫情及突发事故和地方常见病防治所需的药品和医疗器械。疫苗储备制度能做到未雨绸缪,使政府在紧急情况下做到有备无患。如 2009 年流感病毒新型变体甲型 H1N1 流感引发了全球性传染病疫情。我国政府药品储备主管部门发布了五批疫苗生产计划,并安排中央医药储备单位收储 11428 万剂甲型 H1N1 流感疫苗,为支持做好甲型 H1N1 流感疫苗防控工作打下了坚实基础。

《疫苗管理法》第六十六条规定,国家将疫苗纳入战略物资储备,实行中央和省级两级储备。国务院工业和信息化主管部门、财政部门会同国务院卫生健康主管部门、公安部门、市场监督管理部门和药品监督管理部门，根据疾病预防、控制和公共卫生应急准备的需要，加强储备疫苗的产能、产品管理，建立动态调整机制。

此外，《药品管理法》第九十二条规定，国家实行药品储备制度，建立中央和地方两级药品储备。发生重大灾情、疫情或者其他突发事件时，依照《中华人民共和国突发事件应对法》的规定，可以紧急调用药品。

75 疫苗责任强制保险的要求是什么？

强制保险，是指根据国家有关法律法规，凡是在规定范围内的单位或个人，不管愿意与否都必须参加的保险。疫苗责任强制保险，是指疫苗上市许可持有人应当购买的责任保险，在发生疫苗质量问题时，保险公司应在承保责任范围内予以赔付。

《疫苗管理法》第六十八条规定，国家实行疫苗责任强制保险制度。疫苗上市许可持有人应当按照规定投保疫苗责任强制保险。因疫苗质量问题造成受种者损害的，保险公司在承保的责任限额内予以赔付。疫苗责任强制保险制度的具体实施办法，由国务院药品监督管理部门会同国务院卫生健康主管部门、保险监督管理机构等制定。

76 传染病暴发、流行时如何保障疫苗供应?

传染病具有四种基本特征:有病原体;有传染性;有流行性、地方性、季节性;有免疫性。为了及时应对传染病,防止传染病扩散,缩小传染病传播的范围,需要及时保障疫苗的供应。

《疫苗管理法》第六十九条规定,传染病暴发、流行时,相关疫苗上市许可持有人应当及时生产和供应预防、控制传染病的疫苗。交通运输单位应当优先运输预防、控制传染病的疫苗。县级以上人民政府及其有关部门应当做好组织、协调、保障工作。

第九章　监 督 管 理

77 药品检查员队伍建设的要求是什么？

职业化专业化药品检查员，是指经药品监管部门认定，依法对管理相对人从事药品研制、生产等场所、活动进行合规确认和风险研判的人员，是加强药品监管、保障药品安全的重要支撑力量。近年来发生的疫苗事件，尤其是长春长生公司疫苗事件，暴露出疫苗在生产、流通、使用等环节存在相关主体责任不落实、质量安全管理不到位等严重问题，同时也反映出药品职业化、专业化监管力量薄弱等突出问题。从制药发达国家和地区的经验来看，培养一名合格的职业化、专业化药品检查员平均需要 5 ~ 10 年。目前，我国只有 800 余名国家级药品检查员，其中能够专门检查疫苗的国家级检查员不到 100 人，大部分为兼职检查员，有生物学相关专业背景的检查员数量更少，我国药品检查员队伍建设现状尚不能适应药品监管工作的形势与需求。

《疫苗管理法》第七十一条规定，国家建设中央和省级两级职业化、专业化药品检查员队伍，加强对疫苗的监督检查。省、自治区、直辖市人民政府药品监督管理部门选派检查员入驻疫苗上市许可持有人。检查员负责监督检查药品生产质量管理规范执行情况，收集疫苗质量风险和违法违规线索，向省、自治区、直辖市人民政府药品监督管理部门报告情况并提出建议，对派驻期间的行为负责。

2019 年 7 月 9 日，国务院办公厅《关于建立职业化专业化药品检查员队伍的意见》（国办发〔2019〕36 号）提出，到 2020 年年底，国务院药品监管部门和省级药品监管部门基本完成职业化专业化药品检查员队伍制度体系建设。在此基础上，再用 3～5 年时间，构建起基本满足药品监管要求的职业化专业化药品检查员队伍体系。该意见还提出，要进一步加强疫苗等高风险药品检查工作。国务院药品监管部门强化疫苗等高风险药品研制、生产环节的飞行检查以及境外检查，不定期开展巡查并加强随机抽查。省级药品监管部门直接负责疫苗等高风险药品生产过程的派驻检查、日常检查，落实更加集中、更加严格的现场检查、信息公示、不良反应监测报告等制度，实行严格的属地监管。

78 疫苗质量管理存在安全隐患时应当采取哪些监管措施?

《疫苗管理法》第七十二条规定，疫苗质量管理存在安全隐患，疫苗上市许可持有人等未及时采取措施消除的，药品监督管理部门可以采取责任约谈、限期整改等措施。严重违反药品相关质量管理规范的，药品监督管理部门应当责令暂停疫苗生产、销售、配送，立即整改；整改完成后，经药品监督管理部门检查符合要求的，方可恢复生产、销售、配送。药品监督管理部门应当建立疫苗上市许可持有人及其相关人员信用记录制度，纳入全国信用信息共享平台，按照规定公示其严重失信信息，实施联合惩戒。

79 疫苗存在或者疑似存在质量问题时应当采取哪些监管措施?

《疫苗管理法》第七十三条规定，疫苗存在或者疑似存在质量问题的，疫苗上市许可持有人、疾病预防控制机构、接种单位应当立即停止销售、配送、使用，必要时立即停止生产，按照规定向县级以上人民政府药品监督管理部门、卫生健康主管部门报告。卫生健康主管部门应当立即组织疾病预防控制机构和接种单位采取必要的应急处置措施，同时向上级人民政府卫生健康主管部门报告。药品监督管理部门应当依法采取查封、扣押等措施。对已经销售的疫苗，疫苗上市许可持有人应当及时通知相关疾病预防控制机构、疫苗配送单位、接种单位，按照规定召回，如实记录召回和通知情况，疾病预防控制机构、疫苗配送单位、接种单位应当予以配合。未依照前述规定停止生产、销售、配送、使用或者召回疫苗的，县级以上人民政府药品监督管理部门、卫生健康主管部门应当按照各自职责责令停止生产、销售、配送、使用或者召回疫苗。疫苗上市许可持有人、疾病预防控制机构、接种单位发现存在或者疑似存在质量问题的疫苗，不得瞒报、谎报、缓报、漏报，不得隐匿、伪造、毁灭有关证据。

80 疫苗上市许可持有人信息公开制度的要求有哪些?

将疫苗的相关信息及时公之于众，既有利于人民群众更加了解疫苗及其监管情况，也有助于增强社会公众对疫苗质量安全的信心。将信息披露设定为市场主体的法律义务，用信息披露来改变消费者和市场主体之间信息不对称的状态，是强制信息披露工具的具体应用。通过披露真实、准确、完整的信息，既可以保障公众的知情权和选择权，又可以督促疫苗上市许可持有人接受社会公众的监督。

《疫苗管理法》第七十四条规定，疫苗上市许可持有人应当建立信息公开制度，按照规定在其网站上及时公开疫苗产品信息、说明书和标签、药品相关质量管理规范执行情况、批签发情况、召回情况、接受检查和处罚情况以及投保疫苗责任强制保险情况等信息。

81 如何共享疫苗质量、预防接种等信息？

药品监督管理部门和卫生健康主管部门等部门之间进行信息的交流与互通，有利于明确监管责任，强化监管力度，形成监管合力。

《疫苗管理法》第七十五条规定，国务院药品监督管理部门会同国务院卫生健康主管部门等建立疫苗质量、预防接种等信息共享机制。省级以上人民政府药品监督管理部门、卫生健康主管部门等应当按照科学、客观、及时、公开的原则，组织疫苗上市许可持有人、疾病预防控制机构、接种单位、新闻媒体、科研单位等，就疫苗质量和预防接种等信息进行交流沟通。

82 疫苗安全信息统一公布制度的要求有哪些？

《疫苗管理法》第七十六条规定，国家实行疫苗安全信息统一公布制度。疫苗安全风险警示信息、重大疫苗安全事故及其调查处理信息和国务院确定需要统一公布的其他疫苗安全信息，由国务院药品监督管理部门会同有关部门公布。全国预防接种异常反应报告情况,由国务院卫生健康主管部门会同国务院药品监督管理部门统一公布。未经授权不得发布上述信息。公布重大疫苗安全信息,应当及时、准确、全面,并按照规定进行科学评估,作出必要的解释说明。县级以上人民政府药品监督管理部门发现可能误导公众和社会舆论的疫苗安全信息,应当立即会同卫生健康主管部门及其他有关部门、专业机构、相关疫苗上市许可持有人等进行核实、分析,并及时公布结果。任何单位和个人不得编造、散布虚假疫苗安全信息。

83 疫苗违法行为的举报奖励规定有哪些?

长期以来,政府在疫苗监管中处于主导地位,然而政府无法掌控所有可能出现的突发情况、风险、危害等。只有将自上而下的监管与从下到上的监督相结合,构建药品安全社会共治格局,才能更好地保证疫苗安全。

《疫苗管理法》第七十七条规定,任何单位和个人有权依法了解疫苗信息,对疫苗监督管理工作提出意见、建议。任何单位和个人有权向卫生健康主管部门、药品监督管理部门等部门举报疫苗违法行为,对卫生健康主管部门、药品监督管理部门等部门及其工作人员未依法履行监督管理职责的情况有权向本级或者上级人民政府及其有关部门、监察机关举报。有关部门、机关应当及时核实、处理;对查证属实的举报,按照规定给予举报人奖励;举报人举报所在单位严重违法行为,查证属实的,给予重奖。

《药品管理法》第一百零六条规定,药品监督管理部门应当公布本部门的电子邮件地址、电话,接受咨询、投诉、举报,并依法及时答复、核实、处理。对查证属实的举报,按照有关规定给予举报人奖励。药品监督管理部门应当对举报人的信息予以保密,保护举报人的合法权益。举报人举报所在单位的,该单位不得以解除、变更劳动合同或者其他方式对举报人进行打击报复。

此外,为进一步完善药品举报奖励制度,加大对违法行为的打击力度,构建药品安全社会共治格局,2017 年 8 月 9 日,国家食品药品监督管理总局、财政部印发了《食品药品违法行为举报奖励办法》(食药监稽〔2017〕67 号)。该办法适用于各级药品监督管理部门对社会公众举报属于其监管职责范围内的药品违法犯罪行为或者违法犯罪线索,经查证属实并立案查处后,予以相应物质奖励的行为。

根据《食品药品违法行为举报奖励办法》第六条的规定,举报奖励应当同时符合下列条件:(1)有明确的被举报对象和具体违法事实或者违法犯罪线索;(2)举报内容事先未被食品药品监督管理部门掌握的;(3)举报情况经食品药品监督管理部门立案调查,查证属实作出行政处罚决定或者依法移送司法机关作出刑事判决的。根据第八条的规定,有下列情形之一的,不属于该办法的奖励范围:(1)食品药品监督管理等部门工作人员或者依照食品药品相关法律法规及规定负有法定监督、发现、报告违法行为义务人员的举报;(2)假冒伪劣产品的被假冒方及其委托代理人或者利害关系人的举报;(3)对标签、说明书存在不影响产品质量安全且不会对公众造成误导的瑕疵的举报;(4)其他不符合法律、法规规定的奖励情形。根据第十条的规定,各省级食品药品监督管理部门可结合本行政区域实际,按照涉案货值金额或者罚没款金额、奖励等级等因素综合计算奖励金额,每起案件的奖励金额原则上不超过50万元。

84 疫苗安全事件的应急处理要求有哪些?

凡事预则立。做好应急处理,前提是制定好应急预案。应急预案,是指面对突发事件如自然灾害、重特大事故、环境公害及人为破坏时的应急管理、指挥、救援计划等,包括以下几大重要子系统:完善的应急组织管理指挥系统;强有力的应急救援保障体系;综合协调、应对自如的相互支持系统;充分备灾的保障供应体系;体现综合救援的应急队伍等。制定疫苗安全事件应急预案,有利于规范疫苗安全事件应急管理和分级响应程序,科学、及时、有效地实施应急救援,最大限度地减少因疫苗安全事件所造成的人员伤亡和财产损失,维护人民群众生命安全和社会稳定。

《疫苗管理法》第七十八条规定,县级以上人民政府应当制定疫苗安全事件应急预案，对疫苗安全事件分级、处置组织指挥体系与职责、预防预警机制、处置程序、应急保障措施等作出规定。疫苗上市许可持有人应当制定疫苗安全事件处置方案，定期检查各项防范措施的落实情况，及时消除安全隐患。发生疫苗安全事件，疫苗上市许可持有人应当立即向国务院药品监督管理部门或者省、自治区、直辖市人民政府药品监督管理部门报告；疾病预防控制机构、接种单位、医疗机构应当立即向县级以上人民政府卫生健康主管部门、药品监督管理部门报告。药品监督管理部门应当会同卫生健康主管部门按照应急预案的规定，成立疫苗安全事件处置指挥机构，开展医疗救治、风险控制、调查处理、信息发布、解释说明等工作，做好补种等善后处置工作。因质量问题造成的疫苗安全事件的补种费用由疫苗上市许可持有人承担。有关单位和个人不得瞒报、谎报、缓报、漏报疫苗安全事件，不得隐匿、伪造、毁灭有关证据。

第十章 法律责任

85 疫苗安全法律责任的概念及其类型是什么?

法律责任,是指因违法行为或者其他规定的事实出现,一定主体应当承担的不利后果。疫苗安全法律责任,是指由于违反疫苗法律法规所应当承担的法律后果。根据行为人违反疫苗法律法规的性质和社会危害程度的不同,疫苗安全法律责任可以分为刑事责任、行政责任和民事责任。

(1)刑事责任。疫苗安全刑事责任,是指行为人违反了疫苗管理法律法规,侵害了刑法所保护的社会关系,构成犯罪所应当承担的法律后果。根据《中华人民共和国刑法》规定,实现刑事责任的方式是刑罚。刑罚是国家审判机构依照《中华人民共和国刑法》的规定,剥夺犯罪分子某种权益直至生命的一种强制处分。刑罚分为主刑和附加刑两大类。主刑是对犯罪分子适用的主要刑罚方法,只能独立适用,不能附加适用。主刑包括管制、拘役、有期徒刑、无期徒刑和死刑。附加刑也称从刑,是补充主刑适用的刑罚方法。附加刑既可以随主刑附加适用，也可以独立适用。附加适用时可以同时适用两个以上附加刑。附加刑包括罚金、剥夺政治权利、没收财产；对于外国人犯罪，还可以独立适用或附加适用驱逐出境。《中华人民共和国刑法》对与疫苗安全有关的违法行为及其应当承担的刑事责任作了明确规定，并确定了罪名，主要有生产、销售假药罪，生产、销售劣药罪，生产、销售不符合标准的医用器材罪，妨害传染病防治罪，医疗事故罪等。

（2）行政责任。疫苗安全行政责任，是指在疫苗监督管理行政法律关系中，当行政相对人实施了违反行政法律规范的行为，或者不履行行政法律义务时，应依法承担的法律后果。根据我国现行疫苗行政管理法规的规定，疫苗安全行政责任主要包括行政处罚和行政处分两种。其中，行政处罚是指疫苗监督管理部门在职权范围内对违反疫苗行政管理秩序而尚未构成犯罪的公民、法人和其他组织所实施的一种行政制裁。行政处罚的种类主要有：警告，罚款，没收非法财物、没收违法所得，责令停产停业，暂扣或吊销许可证、暂扣或吊销执照，行政拘留等。行政处分是指有管辖权的行政机关或者企事业单位的行政领导对所属一般违法失职人员给予的一种行政制裁。依照《中华人民共和国公务员法》的规定，行政处分的种类包括警告、记过、记大过、降级、撤职、开除。

（3）民事责任。疫苗安全民事责任，主要是指产品责任，即生产者、销售者因生产、销售缺陷疫苗致人损害而应当承担的赔偿损失、消除危险、停止侵害等责任的特殊侵权民事责任。《中华人民共和国侵权责任法》第四十三条规定，因产品存在缺陷造成损害的，被侵权人可以向产品的生产者请求赔偿，也可以向产品的销售者请求赔偿。产品缺陷由生产者造成的，销售者赔偿后，有权向生产者追偿。因销售者的过错使产品存在缺陷的，生产者赔偿后，有权向销售者追偿。第五十九条规定，因药品、消毒药剂、医疗器械的缺陷，或者输入不合格的血液造成患者损害的，患者可以向生产者或者血液提供机构请求赔偿，也可以向医疗机构请求赔偿。患者向医疗机构请求赔偿的，医疗机构赔偿后，有权向负有责任的生产者或者血液提供机构追偿。可见，我国对医疗产品缺陷损害赔偿实行无过错责任。

86 疫苗安全的刑事责任主要有哪些？

根据《疫苗管理法》第七十九条的规定，违反该法规定，构成犯罪的，依法从重追究刑事责任。疫苗管理过程中涉及追究刑事责任的主要包括生产、销售假药罪和生产、销售劣药罪等。从重处罚应根据犯罪分子的犯罪事实、性质、情节和社会危害性来决定其所应承担的刑事责任，必须遵循罪责刑相适应的基本原则。

（1）关于假药和劣药的认定。《药品管理法》第九十八条对假药和劣药的情形作了明确界定，并规定禁止生产（包括配制）、销售、使用假药、劣药；禁止未取得药品批准证明文件生产、进口药品；禁止使用未按照规定审评、审批的原料药、包装材料和容器生产药品。假药和劣药的情形具体见表5所示。

表5 假药和劣药的比较

假药情形	劣药情形
1）药品所含成份与国家药品标准规定的成份不符； 2）以非药品冒充药品或者以他种药品冒充此种药品； 3）变质的药品； 4）药品所标明的适应症或者功能主治超出规定范围。	1）药品成份的含量不符合国家药品标准； 2）被污染的药品； 3）未标明或者更改有效期的药品； 4）未注明或者更改产品批号的药品； 5）超过有效期的药品； 6）擅自添加防腐剂、辅料的药品； 7）其他不符合药品标准的药品。

（2）生产、销售假药罪。《中华人民共和国刑法》第一百四十一条规定，生产、销售假药的，处3年以下有期徒刑或者拘役，并处罚金；对人体健康造成严重危害或者有其他严重情节的，处3年以上10年以下有期徒刑，并处罚金；致人死亡或者有其他特别严重情节的，处10年以上有期徒刑、无期徒刑或者死刑，并处罚金或者没收财产。该条所称假药，是指依照《药品管理法》的规定属于假药和按假药处理的药品、非药品。此外，对于擅自委托或者接受委托生产药品的，对委托方和受托方均依照生产、销售假药的法律责任给予

处罚。

关于生产行为的界定。根据《最高人民法院、最高人民检察院关于办理危害药品安全刑事案件适用法律若干问题的解释》第六条的规定，以生产、销售假药、劣药为目的，实施下列行为之一的，应当认定为刑法第一百四十一条、第一百四十二条规定的"生产"：①合成、精制、提取、储存、加工炮制药品原料的行为；②将药品原料、辅料、包装材料制成成品过程中，进行配料、混合、制剂、储存、包装的行为；③印制包装材料、标签、说明书的行为。医疗机构、医疗机构工作人员明知是假药、劣药而有偿提供给他人使用，或者为出售而购买、储存的行为，应当认定为刑法第一百四十一条、第一百四十二条规定的"销售"。

关于生产、销售假药罪量刑情节的界定。《最高人民法院、最高人民检察院关于办理危害药品安全刑事案件适用法律若干问题的解释》第二条、第三条、第四条对《中华人民共和国刑法》第一百四十一条相关量刑情节的认定标准作出了明确规定，具体见表6所示。

表6　生产、销售假药罪量刑情节的认定

量刑情节	认定标准
对人体健康造成严重危害的	1）造成轻伤或者重伤的； 2）造成轻度残疾或者中度残疾的； 3）造成器官组织损伤导致一般功能障碍或者严重功能障碍的； 4）其他对人体健康造成严重危害的情形。

续表

量刑情节	认定标准
有其他严重情节的	1)造成较大突发公共卫生事件的； 2)生产、销售金额20万元以上不满50万元的； 3)生产、销售金额10万元以上不满20万元，并具有从重处罚情形之一的； 4)根据生产、销售的时间、数量、假药种类等，应当认定为情节严重的。
有其他特别严重情节的	1)致人重度残疾的； 2)造成3人以上重伤、中度残疾或者器官组织损伤导致严重功能障碍的； 3)造成5人以上轻度残疾或者器官组织损伤导致一般功能障碍的； 4)造成10人以上轻伤的； 5)造成重大、特别重大突发公共卫生事件的； 6)生产、销售金额50万元以上的； 7)生产、销售金额20万元以上不满50万元，并具有从重处罚情形之一的； 8)根据生产、销售的时间、数量、假药种类等，应当认定为情节特别严重的。

(3)生产、销售劣药罪。《中华人民共和国刑法》第一百四十二条规定，生产、销售劣药，对人体健康造成严重危害的，处3年以上10年以下有期徒刑，并处销售金额50%以上2倍以下罚金；后果特别严重的，处10年以上有期徒刑或者无期徒刑，并处销售金额50%以上2倍以下罚金或者没收财产。该条所称劣药，是指依照《药品管理法》的规定属于劣药的药品。

关于生产、销售劣药罪量刑情节的界定。《最高人民法院、最高人民检察院关于办理危害药品安全刑事案件适用法律若干问题的解释》第五条规定了生产、销售劣药罪量刑情节的认定标准，具体见表7所示。

表7 生产、销售劣药罪量刑情节的认定

量刑情节	认定标准
对人体健康造成严重危害的	1）造成轻伤或者重伤的； 2）造成轻度残疾或者中度残疾的； 3）造成器官组织损伤导致一般功能障碍或者严重功能障碍的； 4）其他对人体健康造成严重危害的情形。
后果特别严重的	1）致人死亡的； 2）致人重度残疾的； 3）造成3人以上重伤、中度残疾或者器官组织损伤导致严重功能障碍的； 4）造成5人以上轻度残疾或者器官组织损伤导致一般功能障碍的； 5）造成10人以上轻伤的； 6）造成重大、特别重大突发公共卫生事件的。

（4）依法从重处罚的情形。《药品管理法实施条例》第七十三条规定，违反《药品管理法》和该条例的规定，有下列行为之一的，由药品监督管理部门在《药品管理法》和该条例规定的处罚幅度内从重处罚：①以麻醉药品、精神药品、医疗用毒性药品、放射性药品冒充其他药品，或者以其他药品冒充上述药品的；②生产、销售以孕产妇、婴幼儿及儿童为主要使用对象的假药、劣药的；③生产、销售的生物制品、血液制品属于假药、劣药的；④生产、销售、使用假药、劣药，造成

人员伤害后果的；⑤生产、销售、使用假药、劣药，经处理后重犯的；⑥拒绝、逃避监督检查，或者伪造、销毁、隐匿有关证据材料的，或者擅自动用查封、扣押物品的。

此外，《最高人民法院、最高人民检察院关于办理危害药品安全刑事案件适用法律若干问题的解释》第一条规定，生产、销售假药，具有下列情形之一的，应当酌情从重处罚：①生产、销售的假药以孕产妇、婴幼儿、儿童或者危重病人为主要使用对象的；②生产、销售的假药属于麻醉药品、精神药品、医疗用毒性药品、放射性药品、避孕药品、血液制品、疫苗的；③生产、销售的假药属于注射剂药品、急救药品的；④医疗机构、医疗机构工作人员生产、销售假药的；⑤在自然灾害、事故灾难、公共卫生事件、社会安全事件等突发事件期间，生产、销售用于应对突发事件的假药的；⑥两年内曾因危害药品安全违法犯罪活动受过行政处罚或者刑事处罚的；⑦其他应当酌情从重处罚的情形。该从重处罚是指在《中华人民共和国刑法》规定的处罚幅度内酌情从重处罚。

87 生产、销售的疫苗属于假药应当承担的行政责任是什么？

《疫苗管理法》第八十条第一款和第三款规定，生产、销售的疫苗属于假药的，由省级以上人民政府药品监督管理部门没收违法所得和违法生产、销售的疫苗以及专门用于违法生产疫苗的原料、辅料、包装材料、设备等物品，责令停产停业整顿，吊销药品注册证书，直至吊销药品生产许可证等，并处违法生产、销售疫苗货值金额15倍以上50倍以下的罚款，货值金额不足50万元的，按50万元计算。生产、销售的疫苗属于假药的，由省级以上人民政府药品监督管理部门对法定代表人、主要负责人、直接负责的主管人员和关键岗位人员以及其他责任人员，没收违法行为发生期间自本单位所获收入，并处所获收入1倍以上10倍以下的罚款，终身禁止从事药品生产经营活动，由公安机关处5日以上15日以下拘留。

88 生产、销售的疫苗属于劣药应当承担的行政责任是什么？

《疫苗管理法》第八十条第二款和第三款规定，生产、销售的疫苗属于劣药的，由省级以上人民政府药品监督管理部门没收违法所得和违法生产、销售的疫苗以及专门用于违法生产疫苗的原料、辅料、包装材料、设备等物品，责令停产停业整顿，并处违法生产、销售疫苗货值金额10倍以上30倍以下的罚款，货值金额不足50万元的，按50万元计算；情节严重的，吊销药品注册证书，直至吊销药品生产许可证等。生产、销售的疫苗属于劣药且情节严重的，由省级以上人民政府药品监督管理部门对法定代表人、主要负责人、直接负责的主管人员和关键岗位人员以及其他责任人员，没收违法行为发生期间自本单位所获收入，并处所获收入1倍以上10倍以下的罚款，终身禁止从事药品生产经营活动，由公安机关处5日以上15日以下拘留。

89 数据造假等违法行为应当承担的行政责任是什么？

《疫苗管理法》第八十一条规定，有下列情形之一的，由省级以上人民政府药品监督管理部门没收违法所得和违法生产、销售的疫苗以及专门用于违法生产疫苗的原料、辅料、包装材料、设备等物品，责令停产停业整顿，并处违法生产、销售疫苗货值金额15倍以上50倍以下的罚款，货值金额不足50万元的，按50万元计算；情节严重的，吊销药品相关批准证明文件，直至吊销药品生产许可证等，对法定代表人、主要负责人、直接负责的主管人员和关键岗位人员以及其他责任人员，没收违法行为发生期间自本单位所获收入，并处所获收入50%以上10倍以下的罚款，10年内直至终身禁止从事药品生产经营活动，由公安机关处5日以上15日以下拘留：(1)申请疫苗临床试验、注册、批签发提供虚假数据、资料、样品或者有其他欺骗行为；(2)编造生产、检验记录或者更改产品批号；(3)疾病预防控制机构以外的单位或者个人向接种单位供应疫苗；(4)委托生产疫苗未经批准；(5)生产工艺、生产场地、关键设备等发生变更按照规定应当经批准而未经批准；（6）更新疫苗说明书、标签按照规定应当经核准而未经核准。

90 疫苗上市许可持有人违反规定应当承担的行政责任是什么？

根据《疫苗管理法》第八十二条规定，除该法另有规定的情形外，疫苗上市许可持有人或者其他单位违反药品相关质量管理规范的，由县级以上人民政府药品监督管理部门责令改正，给予警告；拒不改正的，处20万元以上50万元以下的罚款；情节严重的，处50万元以上300万元以下的罚款，责令停产停业整顿，直至吊销药品相关批准证明文件、药品生产许可证等，对法定代表人、主要负责人、直接负责的主管人员和关键岗位人员以及其他责任人员，没收违法行为发生期间自本单位所获收入，并处所获收入50%以上5倍以下的罚款，10年内直至终身禁止从事药品生产经营活动。

根据《疫苗管理法》第八十三条规定，疫苗上市许可持有人有下列情形之一的，由省级以上人民政府药品监督管理部门责令改正，给予警告；拒不改正的，处20万元以上50万元以下的罚款；情节严重的，责令停产停业整顿，并处50万元以上200万元以下的罚款：（1）未按照规定建立疫苗电子追溯系统；（2）法定代表人、主要负责人和生产管理负责人、质量管理负责人、质量受权人等关键岗位人员不符合规定条件或者未按照规定对其进行培训、考核;(3)未按照规定报告或者备案;(4)未按照规定开展上市后研究,或者未按照规定设立机构、配备人员主动收集、跟踪分析疑似预防接种异常反应;(5)未按照规定投保疫苗责任强制保险;(6)未按照规定建立信息公开制度。

根据《疫苗管理法》第八十五条第一款规定,疫苗上市许可持有人违反疫苗储存、运输管理规范有关冷链储存、运输要求的,由县级以上人民政府药品监督管理部门责令改正,给予警告,对违法储存、运输的疫苗予以销毁,没收违法所得;拒不改正的,对疫苗上市许可持有人处 20 万元以上 100 万元以下的罚款;情节严重的,对疫苗上市许可持有人处违法储存、运输疫苗货值金额 10 倍以上 30 倍以下的罚款,货值金额不足 10 万元的,按 10 万元计算,责令疫苗上市许可持有人停产停业整顿,直至吊销药品相关批准证明文件、药品生产许可证等,对疫苗上市许可持有人依照该法第八十二条规定给予处罚。

根据《疫苗管理法》第八十六条第一款规定,疫苗上市许可持有人有该法第八十五条规定以外的违反疫苗储存、运输管理规范行为的,由县级以上人民政府药品监督管理部门责令改正,给予警告,没收违法所得;拒不改正的,对疫苗上市许可持有人处 10 万元以上 30 万元以下的罚款;情节严重的,对疫苗上市许可持有人处违法储存、运输疫苗货值金额

3倍以上10倍以下的罚款,货值金额不足10万元的,按10万元计算。

91 批签发机构违反规定应当承担的行政责任是什么?

《疫苗管理法》第八十四条规定,批签发机构有下列情形之一的,由国务院药品监督管理部门责令改正,给予警告,对主要负责人、直接负责的主管人员和其他直接责任人员依法给予警告直至降级处分:(1)未按照规定进行审核和检验;(2)未及时公布上市疫苗批签发结果;(3)未按照规定进行核实;(4)发现疫苗存在重大质量风险未按照规定报告。批签发机构未按照规定发给批签发证明或者不予批签发通知书的,由国务院药品监督管理部门责令改正,给予警告,对主要负责人、直接负责的主管人员和其他直接责任人员依法给予降级或者撤职处分;情节严重的,对主要负责人、直接负责的主管人员和其他直接责任人员依法给予开除处分。

92 疾病预防控制机构违反规定应当承担的行政责任是什么?

根据《疫苗管理法》第八十五条规定,疾病预防控制机构违反疫苗储存、运输管理规范有关冷链储存、运输要求的,由县级以上人民政府药品监督管理部门责令改正,给予警告，对违法储存、运输的疫苗予以销毁，没收违法所得。疾病预防控制机构有前述规定违法行为的，由县级以上人民政府卫生健康主管部门对主要负责人、直接负责的主管人员和其他直接责任人员依法给予警告直至撤职处分，责令负有责任的医疗卫生人员暂停1年以上18个月以下执业活动；造成严重后果的，对主要负责人、直接负责的主管人员和其他直接责任人员依法给予开除处分。

根据《疫苗管理法》第八十六条规定，疾病预防控制机构有该法第八十五条规定以外的违反疫苗储存、运输管理规范行为的，由县级以上人民政府药品监督管理部门责令改正，给予警告，没收违法所得。疾病预防控制机构有前述规定违法行为的，县级以上人民政府卫生健康主管部门可以对主要负责人、直接负责的主管人员和其他直接责任人员依法给予警告直至撤职处分，责令负有责任的医疗卫生人员暂停6个月以上1年以下执业活动；造成严重后果的，对主要负责人、直接负责的主管人员和其他直接责任人员依法给予开除处分，由原发证部门吊销负有责任的医疗卫生人员的执业证书。

根据《疫苗管理法》第八十七条规定，疾病预防控制机构有下列情形之一的，由县级以上人民政府卫生健康主管部门责令改正，给予警告，没收违法所得；情节严重的，对主要负责人、直接负责的主管人员和其他直接责任人员依法给予警告直至撤职处分，责令负有责任的医疗卫生人员暂停1年以上18个月以下执业活动;造成严重后果的,对主要负责人、直接负责的主管人员和其他直接责任人员依法给予开除处分,由原发证部门吊销负有责任的医疗卫生人员的执业证书:(1)未按照规定供应、接收、采购疫苗;(2)接种疫苗未遵守预防接种工作规范、免疫程序、疫苗使用指导原则、接种方案;(3)擅自进行群体性预防接种。

根据《疫苗管理法》第八十八条规定,疾病预防控制机构有下列情形之一的,由县级以上人民政府卫生健康主管部门责令改正,给予警告;情节严重的,对主要负责人、直接负责的主管人员和其他直接责任人员依法给予警告直至撤职处分,责令负有责任的医疗卫生人员暂停6个月以上1年以下执业活动;造成严重后果的,对主要负责人、直接负责的主管人员和其他直接责任人员依法给予开除处分,由原发证部门吊销负有责任的医疗卫生人员的执业证书:(1)未按照规定提供追溯信息;(2)接收或者购进疫苗时未按照规定索取并保存相关证明文件、温度监测记录;(3)未按照规定建立并保存疫苗接收、购进、储存、配送、供应、接种、处置记录;(4)未按照规定告知、询问受种者或者其监护人有关情况。

根据《疫苗管理法》第八十九条规定,疾病预防控制机构未按照规定报告疑似预防接种异常反应、疫苗安全事件等,或者未按照规定对疑似预防接种异常反应组织调查、诊断等的,由县级以上人民政府卫生健康主管部门责令改正,给予警告;情节严重的,对疾病预防控制机构的主要负责人、直接负责的主管人员和其他直接责任人员依法给予警告直至撤职处分；造成严重后果的，对主要负责人、直接负责的主管人员和其他直接责任人员依法给予开除处分，由原发证部门吊销负有责任的医疗卫生人员的执业证书。

根据《疫苗管理法》第九十条规定，疾病预防控制机构违反该法规定收取费用的，由县级以上人民政府卫生健康主管部门监督其将违法收取的费用退还给原缴费的单位或者个人，并由县级以上人民政府市场监督管理部门依法给予处罚。

93 接种单位违反规定应当承担的行政责任是什么？

根据《疫苗管理法》第八十五条规定，接种单位违反疫苗储存、运输管理规范有关冷链储存、运输要求的，由县级以上人民政府药品监督管理部门责令改正，给予警告，对违法储存、运输的疫苗予以销毁，没收违法所得；拒不改正的，对接种单位处20万元以上100万元以下的罚款；情节严重的，对接种单位处违法储存、运输疫苗货值金额10倍以上30倍以下的罚款，货值金额不足10万元的，按10万元计算。接种单位有前述规定违法行为的，由县级以上人民政府卫生健康主管部门对主要负责人、直接负责的主管人员和其他直接责任人员依法给予警告直至撤职处分，责令负有责任的医疗卫生人员暂停1年以上18个月以下执业活动；造成严重后果的，对主要负责人、直接负责的主管人员和其他直接责任人员依法给予开除处分，并可以吊销接种单位的接种资格，由原发证部门吊销负有责任的医疗卫生人员的执业证书。

根据《疫苗管理法》第八十六条规定，接种单位有该法第八十五条规定以外的违反疫苗储存、运输管理规范行为的，由县级以上人民政府药品监督管理部门责令改正，给予警告，没收违法所得；拒不改正的，对接种单位处 10 万元以上 30 万元以下的罚款；情节严重的，对接种单位处违法储存、运输疫苗货值金额 3 倍以上 10 倍以下的罚款，货值金额不足 10 万元的，按 10 万元计算。接种单位有前述规定违法行为的，县级以上人民政府卫生健康主管部门可以对主要负责人、直接负责的主管人员和其他直接责任人员依法给予警告直至撤职处分，责令负有责任的医疗卫生人员暂停 6 个月以上 1 年以下执业活动；造成严重后果的，对主要负责人、直接负责的主管人员和其他直接责任人员依法给予开除处分，由原发证部门吊销负有责任的医疗卫生人员的执业证书。

根据《疫苗管理法》第八十七条规定，接种单位有下列情形之一的，由县级以上人民政府卫生健康主管部门责令改正，给予警告，没收违法所得；情节严重的，对主要负责人、直接负责的主管人员和其他直接责任人员依法给予警告直至撤职处分，责令负有责任的医疗卫生人员暂停 1 年以上 18 个月以下执业活动；造成严重后果的，对主要负责人、直接负责的主管人员和其他直接责任人员依法给予开除处分，由原发证部门吊销负有责任的医疗卫生人员的执业证书:(1)未按照规定供应、接收、采购疫苗;(2)接种疫苗未遵守预防接种工作规范、免疫程序、疫苗使用指导原则、接种方案;(3)擅自进行群体性预防接种。

根据《疫苗管理法》第八十八条规定,接种单位有下列情形之一的,由县级以上人民政府卫生健康主管部门责令改正,给予警告;情节严重的,对主要负责人、直接负责的主管人员和其他直接责任人员依法给予警告直至撤职处分,责令负有责任的医疗卫生人员暂停6个月以上1年以下执业活动;造成严重后果的,对主要负责人、直接负责的主管人员和其他直接责任人员依法给予开除处分,由原发证部门吊销负有责任的医疗卫生人员的执业证书:(1)未按照规定提供追溯信息;(2)接收或者购进疫苗时未按照规定索取并保存相关证明文件、温度监测记录;(3)未按照规定建立并保存疫苗接收、购进、储存、配送、供应、接种、处置记录;(4)未按照规定告知、询问受种者或者其监护人有关情况。

根据《疫苗管理法》第八十九条规定,接种单位未按照规定报告疑似预防接种异常反应、疫苗安全事件等,或者未按照规定对疑似预防接种异常反应组织调查、诊断等的,由县级以上人民政府卫生健康主管部门责令改正,给予警告;情节严重的,对接种单位处5万元以上50万元以下的罚款,对接种单位的主要负责人、直接负责的主管人员和其他直接责任人员依法给予警告直至撤职处分;造成严重后果的,对主要负责人、直接负责的主管人员和其他直接责任人员依法给予开除处分，由原发证部门吊销负有责任的医疗卫生人员的执业证书。

根据《疫苗管理法》第九十条规定，接种单位违反该法规定收取费用的，由县级以上人民政府卫生健康主管部门监督其将违法收取的费用退还给原缴费的单位或者个人，并由县级以上人民政府市场监督管理部门依法给予处罚。

94 疫苗配送单位违反规定应当承担的行政责任是什么？

根据《疫苗管理法》第八十五条第一款规定，疫苗配送单位违反疫苗储存、运输管理规范有关冷链储存、运输要求的，由县级以上人民政府药品监督管理部门责令改正，给予警告，对违法储存、运输的疫苗予以销毁，没收违法所得；拒不改正的，对疫苗配送单位处20万元以上100万元以下的罚款；情节严重的，对疫苗配送单位处违法储存、运输疫苗货值金额10倍以上30倍以下的罚款，货值金额不足10万元的，按10万元计算，责令疫苗配送单位停产停业整顿，直至吊销药品相关批准证明文件、药品生产许可证等，对疫苗配送单位的法定代表人、主要负责人、直接负责的主管人员和关键岗位人员以及其他责任人员依照该法第八十二条规定给予处罚。

根据《疫苗管理法》第八十六条第一款规定，疫苗配送单位有该法第八十五条规定以外的违反疫苗储存、运输管理规范行为的，由县级以上人民政府药品监督管理部门责令改正，给予警告，没收违法所得；拒不改正的，对疫苗配送单位处10万元以上30万元以下的罚款；情节严重的，对疫苗配送单位处违法储存、运输疫苗货值金额3倍以上10倍以下的罚款，货值金额不足10万元的，按10万元计算。

95 医疗机构在疑似预防接种异常反应中违反规定应当承担的行政责任是什么？

根据《疫苗管理法》第八十九条规定，医疗机构未按照规定报告疑似预防接种异常反应、疫苗安全事件等，或者未按照规定对疑似预防接种异常反应组织调查、诊断等的，由县级以上人民政府卫生健康主管部门责令改正，给予警告；情节严重的，对医疗机构处5万元以上50万元以下的罚款，对医疗机构的主要负责人、直接负责的主管人员和其他直接责任人员依法给予警告直至撤职处分；造成严重后果的，对主要负责人、直接负责的主管人员和其他直接责任人员依法给予开除处分，由原发证部门吊销负有责任的医疗卫生人员的执业证书。

96 擅自从事疫苗接种工作应当承担的行政责任是什么？

根据《疫苗管理法》第九十一条规定，未经县级以上地方人民政府卫生健康主管部门指定擅自从事免疫规划疫苗接种工作、从事非免疫规划疫苗接种工作不符合条件或者未备案的，由县级以上人民政府卫生健康主管部门责令改正，给予警告，没收违法所得和违法持有的疫苗，责令停业整顿，并处10万元以上100万元以下的罚款，对主要负责人、直接负责的主管人员和其他直接责任人员依法给予处分。疾病预防控制机构、接种单位以外的单位或者个人擅自进行群体性预防接种的，由县级以上人民政府卫生健康主管部门责令改正，没收违法所得和违法持有的疫苗，并处违法持有的疫苗货值金额10倍以上30倍以下的罚款，货值金额不足5万元的，按5万元计算。

97 监护人、托幼机构、学校违反预防接种有关规定应当承担的行政责任是什么？

《疫苗管理法》第九十二条规定，监护人未依法保证适龄儿童按时接种免疫规划疫苗的，由县级人民政府卫生健康主管部门批评教育，责令改正。托幼机构、学校在儿童入托、入学时未按照规定查验预防接种证，或者发现未按照规定接种的儿童后未向接种单位报告的，由县级以上地方人民政府教育行政部门责令改正，给予警告，对主要负责人、直接负责的主管人员和其他直接责任人员依法给予处分。

98 编造、散布虚假疫苗安全信息等应当承担的行政责任是什么？

《疫苗管理法》第九十三条规定，编造、散布虚假疫苗安全信息，或者在接种单位寻衅滋事，构成违反治安管理行为的，由公安机关依法给予治安管理处罚。报纸、期刊、广播、电视、互联网站等传播媒介编造、散布虚假疫苗安全信息的，由有关部门依法给予处罚，对主要负责人、直接负责的主管人员和其他直接责任人员依法给予处分。

99 行政机关违反规定应当承担的行政责任是什么？

《疫苗管理法》第九十四条规定，县级以上地方人民政府在疫苗监督管理工作中有下列情形之一的，对直接负责的主管人员和其他直接责任人员依法给予降级或者撤职处分；情节严重的，依法给予开除处分；造成严重后果的，其主要负责人应当引咎辞职：(1)履行职责不力，造成严重不良影响或者重大损失；(2)瞒报、谎报、缓报、漏报疫苗安全事件；(3)干扰、阻碍对疫苗违法行为或者疫苗安全事件的调查；

(4)本行政区域发生特别重大疫苗安全事故,或者连续发生重大疫苗安全事故。

《疫苗管理法》第九十五条规定,药品监督管理部门、卫生健康主管部门等部门在疫苗监督管理工作中有下列情形之一的,对直接负责的主管人员和其他直接责任人员依法给予降级或者撤职处分;情节严重的,依法给予开除处分;造成严重后果的,其主要负责人应当引咎辞职:(1)未履行监督检查职责,或者发现违法行为不及时查处;(2)擅自进行群体性预防接种;(3)瞒报、谎报、缓报、漏报疫苗安全事件;(4)干扰、阻碍对疫苗违法行为或者疫苗安全事件的调查;(5)泄露举报人的信息;(6)接到疑似预防接种异常反应相关报告,未按照规定组织调查、处理;(7)其他未履行疫苗监督管理职责的行为,造成严重不良影响或者重大损失。

100 疫苗安全的民事责任主要有哪些?

《疫苗管理法》第九十六条规定,因疫苗质量问题造成受种者损害的,疫苗上市许可持有人应当依法承担赔偿责任。疾病预防控制机构、接种单位因违反预防接种工作规范、免疫程序、疫苗使用指导原则、接种方案,造成受种者损害的,应当依法承担赔偿责任。

《药品管理法》第一百四十四条规定,药品上市许可持有人、药品生产企业、药品经营企业或者医疗机构违反本法规定，给用药者造成损害的，依法承担赔偿责任。因药品质量问题受到损害的，受害人可以向药品上市许可持有人、药品生产企业请求赔偿损失，也可以向药品经营企业、医疗机构请求赔偿损失。接到受害人赔偿请求的，应当实行首负责任制，先行赔付；先行赔付后，可以依法追偿。生产假药、劣药或者明知是假药、劣药仍然销售、使用的，受害人或者其近亲属除请求赔偿损失外，还可以请求支付价款 10 倍或者损失 3 倍的赔偿金；增加赔偿的金额不足 1000 元的，为 1000 元。

附　录

中华人民共和国疫苗管理法

（2019年6月29日第十三届全国人民代表大会常务委员会第十一次会议通过　2019年6月29日中华人民共和国主席令第三十号公布　自2019年12月1日起施行）

目　录

第十一章　附　　则

第一章　总　　则

第一条　为了加强疫苗管理，保证疫苗质量和供应，规范预防接种，促进疫苗行业发展，保障公众健康，维护公共卫生安全，制定本法。

第二条　在中华人民共和国境内从事疫苗研制、生产、流通和预防接种及其监督管理活动，适用本法。本法未作规定的，适用《中华人民共和国药品管理法》、《中华人民共和国传染病防治法》等法律、行政法规的规定。

本法所称疫苗，是指为预防、控制疾病的发生、流行，用于人体免疫接种的预防性生物制品，包括免疫规划疫苗和非免疫规划疫苗。

第三条　国家对疫苗实行最严格的管理制度，坚持安全第一、风险管理、全程管控、科学监管、社会共治。

第四条　国家坚持疫苗产品的战略性和公益性。

国家支持疫苗基础研究和应用研究，促进疫苗研制和创新，将预防、控制重大疾病的疫苗研制、生产和储备纳入国家战略。

国家制定疫苗行业发展规划和产业政策，支持疫苗产业发展和结构优化，鼓励疫苗生产规模化、集约化，不断提升疫苗生产工艺和质量水平。

第五条 疫苗上市许可持有人应当加强疫苗全生命周期质量管理，对疫苗的安全性、有效性和质量可控性负责。

从事疫苗研制、生产、流通和预防接种活动的单位和个人，应当遵守法律、法规、规章、标准和规范，保证全过程信息真实、准确、完整和可追溯，依法承担责任，接受社会监督。

第六条 国家实行免疫规划制度。

居住在中国境内的居民，依法享有接种免疫规划疫苗的权利，履行接种免疫规划疫苗的义务。政府免费向居民提供免疫规划疫苗。

县级以上人民政府及其有关部门应当保障适龄儿童接种免疫规划疫苗。监护人应当依法保证适龄儿童按时接种免疫规划疫苗。

第七条 县级以上人民政府应当将疫苗安全工作和预防接种工作纳入本级国民经济和社会发展规划，加强疫苗监督管理能力建设，建立健全疫苗监督管理工作机制。

县级以上地方人民政府对本行政区域疫苗监督管理工作负责，统一领导、组织、协调本行政区域疫苗监督管理工作。

第八条 国务院药品监督管理部门负责全国疫苗监督管理工作。国务院卫生健康主管部门负责全国预防接种监督管理工作。国务院其他有关部门在各自职责范围内负责与疫苗有关的监督管理工作。

省、自治区、直辖市人民政府药品监督管理部门负责本行政区域疫苗监督管理工作。设区的市级、县级人民政府承担药品监督管理职责的部门（以下称药品监督管理部门）负责本行政区域疫苗监督管理工作。县级以上地方人民政府卫生健康主管部门负责本行政区域预防接种监督管理工作。县级以上地方人民政府其他有关部门在各自职责范围内负责与疫苗有关的监督管理工作。

第九条　国务院和省、自治区、直辖市人民政府建立部门协调机制，统筹协调疫苗监督管理有关工作，定期分析疫苗安全形势，加强疫苗监督管理，保障疫苗供应。

第十条　国家实行疫苗全程电子追溯制度。

国务院药品监督管理部门会同国务院卫生健康主管部门制定统一的疫苗追溯标准和规范，建立全国疫苗电子追溯协同平台，整合疫苗生产、流通和预防接种全过程追溯信息，实现疫苗可追溯。

疫苗上市许可持有人应当建立疫苗电子追溯系统，与全国疫苗电子追溯协同平台相衔接，实现生产、流通和预防接种全过程最小包装单位疫苗可追溯、可核查。

疾病预防控制机构、接种单位应当依法如实记录疫苗流通、预防接种等情况，并按照规定向全国疫苗电子追溯协同平台提供追溯信息。

第十一条　疫苗研制、生产、检验等过程中应当建立健全生物安全管理制度，严格控制生物安全风险，加强菌毒株等病原微生物的生物安全管理，保护操作人员和公众的健康，保证菌毒株等病原微生物用途合法、正当。

疫苗研制、生产、检验等使用的菌毒株和细胞株，应当明确历史、生物学特征、代次，建立详细档案，保证来源合法、清晰、可追溯；来源不明的，不得使用。

第十二条 各级人民政府及其有关部门、疾病预防控制机构、接种单位、疫苗上市许可持有人和疫苗行业协会等应当通过全国儿童预防接种日等活动定期开展疫苗安全法律、法规以及预防接种知识等的宣传教育、普及工作。

新闻媒体应当开展疫苗安全法律、法规以及预防接种知识等的公益宣传，并对疫苗违法行为进行舆论监督。有关疫苗的宣传报道应当全面、科学、客观、公正。

第十三条 疫苗行业协会应当加强行业自律，建立健全行业规范，推动行业诚信体系建设，引导和督促会员依法开展生产经营等活动。

第二章 疫苗研制和注册

第十四条 国家根据疾病流行情况、人群免疫状况等因素，制定相关研制规划，安排必要资金，支持多联多价等新型疫苗的研制。

国家组织疫苗上市许可持有人、科研单位、医疗卫生机构联合攻关，研制疾病预防、控制急需的疫苗。

第十五条 国家鼓励疫苗上市许可持有人加大研制和

创新资金投入，优化生产工艺，提升质量控制水平，推动疫苗技术进步。

第十六条　开展疫苗临床试验，应当经国务院药品监督管理部门依法批准。

疫苗临床试验应当由符合国务院药品监督管理部门和国务院卫生健康主管部门规定条件的三级医疗机构或者省级以上疾病预防控制机构实施或者组织实施。

国家鼓励符合条件的医疗机构、疾病预防控制机构等依法开展疫苗临床试验。

第十七条　疫苗临床试验申办者应当制定临床试验方案，建立临床试验安全监测与评价制度，审慎选择受试者，合理设置受试者群体和年龄组，并根据风险程度采取有效措施，保护受试者合法权益。

第十八条　开展疫苗临床试验，应当取得受试者的书面知情同意；受试者为无民事行为能力人的，应当取得其监护人的书面知情同意；受试者为限制民事行为能力人的，应当取得本人及其监护人的书面知情同意。

第十九条　在中国境内上市的疫苗应当经国务院药品监督管理部门批准，取得药品注册证书；申请疫苗注册，应当提供真实、充分、可靠的数据、资料和样品。

对疾病预防、控制急需的疫苗和创新疫苗，国务院药品监督管理部门应当予以优先审评审批。

第二十条　应对重大突发公共卫生事件急需的疫苗或

者国务院卫生健康主管部门认定急需的其他疫苗，经评估获益大于风险的，国务院药品监督管理部门可以附条件批准疫苗注册申请。

出现特别重大突发公共卫生事件或者其他严重威胁公众健康的紧急事件，国务院卫生健康主管部门根据传染病预防、控制需要提出紧急使用疫苗的建议，经国务院药品监督管理部门组织论证同意后可以在一定范围和期限内紧急使用。

第二十一条 国务院药品监督管理部门在批准疫苗注册申请时，对疫苗的生产工艺、质量控制标准和说明书、标签予以核准。

国务院药品监督管理部门应当在其网站上及时公布疫苗说明书、标签内容。

第三章 疫苗生产和批签发

第二十二条 国家对疫苗生产实行严格准入制度。

从事疫苗生产活动，应当经省级以上人民政府药品监督管理部门批准，取得药品生产许可证。

从事疫苗生产活动，除符合《中华人民共和国药品管理法》规定的从事药品生产活动的条件外，还应当具备下列条件：

（一）具备适度规模和足够的产能储备；

（二）具有保证生物安全的制度和设施、设备；

（三）符合疾病预防、控制需要。

疫苗上市许可持有人应当具备疫苗生产能力；超出疫苗生产能力确需委托生产的，应当经国务院药品监督管理部门批准。接受委托生产的，应当遵守本法规定和国家有关规定，保证疫苗质量。

第二十三条　疫苗上市许可持有人的法定代表人、主要负责人应当具有良好的信用记录，生产管理负责人、质量管理负责人、质量受权人等关键岗位人员应当具有相关专业背景和从业经历。

疫苗上市许可持有人应当加强对前款规定人员的培训和考核，及时将其任职和变更情况向省、自治区、直辖市人民政府药品监督管理部门报告。

第二十四条　疫苗应当按照经核准的生产工艺和质量控制标准进行生产和检验，生产全过程应当符合药品生产质量管理规范的要求。

疫苗上市许可持有人应当按照规定对疫苗生产全过程和疫苗质量进行审核、检验。

第二十五条　疫苗上市许可持有人应当建立完整的生产质量管理体系，持续加强偏差管理，采用信息化手段如实记录生产、检验过程中形成的所有数据，确保生产全过程持续符合法定要求。

第二十六条　国家实行疫苗批签发制度。

每批疫苗销售前或者进口时，应当经国务院药品监督管理部门指定的批签发机构按照相关技术要求进行审核、检验。符合要求的，发给批签发证明；不符合要求的，发给不予批签发通知书。

不予批签发的疫苗不得销售，并应当由省、自治区、直辖市人民政府药品监督管理部门监督销毁；不予批签发的进口疫苗应当由口岸所在地药品监督管理部门监督销毁或者依法进行其他处理。

国务院药品监督管理部门、批签发机构应当及时公布上市疫苗批签发结果，供公众查询。

第二十七条 申请疫苗批签发应当按照规定向批签发机构提供批生产及检验记录摘要等资料和同批号产品等样品。进口疫苗还应当提供原产地证明、批签发证明；在原产地免予批签发的，应当提供免予批签发证明。

第二十八条 预防、控制传染病疫情或者应对突发事件急需的疫苗，经国务院药品监督管理部门批准，免予批签发。

第二十九条 疫苗批签发应当逐批进行资料审核和抽样检验。疫苗批签发检验项目和检验频次应当根据疫苗质量风险评估情况进行动态调整。

对疫苗批签发申请资料或者样品的真实性有疑问，或者存在其他需要进一步核实的情况的，批签发机构应当予以核实，必要时应当采用现场抽样检验等方式组织开展现场核实。

第三十条　批签发机构在批签发过程中发现疫苗存在重大质量风险的，应当及时向国务院药品监督管理部门和省、自治区、直辖市人民政府药品监督管理部门报告。

接到报告的部门应当立即对疫苗上市许可持有人进行现场检查，根据检查结果通知批签发机构对疫苗上市许可持有人的相关产品或者所有产品不予批签发或者暂停批签发，并责令疫苗上市许可持有人整改。疫苗上市许可持有人应当立即整改，并及时将整改情况向责令其整改的部门报告。

第三十一条　对生产工艺偏差、质量差异、生产过程中的故障和事故以及采取的措施，疫苗上市许可持有人应当如实记录，并在相应批产品申请批签发的文件中载明；可能影响疫苗质量的，疫苗上市许可持有人应当立即采取措施，并向省、自治区、直辖市人民政府药品监督管理部门报告。

第四章　疫苗流通

第三十二条　国家免疫规划疫苗由国务院卫生健康主管部门会同国务院财政部门等组织集中招标或者统一谈判，形成并公布中标价格或者成交价格，各省、自治区、直辖市实行统一采购。

国家免疫规划疫苗以外的其他免疫规划疫苗、非免疫规划疫苗由各省、自治区、直辖市通过省级公共资源交易平台组织采购。

第三十三条 疫苗的价格由疫苗上市许可持有人依法自主合理制定。疫苗的价格水平、差价率、利润率应当保持在合理幅度。

第三十四条 省级疾病预防控制机构应当根据国家免疫规划和本行政区域疾病预防、控制需要,制定本行政区域免疫规划疫苗使用计划,并按照国家有关规定向组织采购疫苗的部门报告,同时报省、自治区、直辖市人民政府卫生健康主管部门备案。

第三十五条 疫苗上市许可持有人应当按照采购合同约定,向疾病预防控制机构供应疫苗。

疾病预防控制机构应当按照规定向接种单位供应疫苗。

疾病预防控制机构以外的单位和个人不得向接种单位供应疫苗,接种单位不得接收该疫苗。

第三十六条 疫苗上市许可持有人应当按照采购合同约定,向疾病预防控制机构或者疾病预防控制机构指定的接种单位配送疫苗。

疫苗上市许可持有人、疾病预防控制机构自行配送疫苗应当具备疫苗冷链储存、运输条件,也可以委托符合条件的疫苗配送单位配送疫苗。

疾病预防控制机构配送非免疫规划疫苗可以收取储存、运输费用,具体办法由国务院财政部门会同国务院价格主管部门制定,收费标准由省、自治区、直辖市人民政府价格主管部门会同财政部门制定。

第三十七条　疾病预防控制机构、接种单位、疫苗上市许可持有人、疫苗配送单位应当遵守疫苗储存、运输管理规范，保证疫苗质量。

疫苗在储存、运输全过程中应当处于规定的温度环境，冷链储存、运输应当符合要求，并定时监测、记录温度。

疫苗储存、运输管理规范由国务院药品监督管理部门、国务院卫生健康主管部门共同制定。

第三十八条　疫苗上市许可持有人在销售疫苗时，应当提供加盖其印章的批签发证明复印件或者电子文件；销售进口疫苗的，还应当提供加盖其印章的进口药品通关单复印件或者电子文件。

疾病预防控制机构、接种单位在接收或者购进疫苗时，应当索取前款规定的证明文件，并保存至疫苗有效期满后不少于五年备查。

第三十九条　疫苗上市许可持有人应当按照规定，建立真实、准确、完整的销售记录，并保存至疫苗有效期满后不少于五年备查。

疾病预防控制机构、接种单位、疫苗配送单位应当按照规定，建立真实、准确、完整的接收、购进、储存、配送、供应记录，并保存至疫苗有效期满后不少于五年备查。

疾病预防控制机构、接种单位接收或者购进疫苗时，应当索取本次运输、储存全过程温度监测记录，并保存至疫苗有效期满后不少于五年备查；对不能提供本次运输、储存全过程温度监测记录或者温度控制不符合要求的，不得接收或者购进，并应当立即向县级以上地方人民政府药品监督管理部门、卫生健康主管部门报告。

第四十条 疾病预防控制机构、接种单位应当建立疫苗定期检查制度，对存在包装无法识别、储存温度不符合要求、超过有效期等问题的疫苗，采取隔离存放、设置警示标志等措施，并按照国务院药品监督管理部门、卫生健康主管部门、生态环境主管部门的规定处置。疾病预防控制机构、接种单位应当如实记录处置情况，处置记录应当保存至疫苗有效期满后不少于五年备查。

第五章 预防接种

第四十一条 国务院卫生健康主管部门制定国家免疫规划；国家免疫规划疫苗种类由国务院卫生健康主管部门会同国务院财政部门拟订，报国务院批准后公布。

国务院卫生健康主管部门建立国家免疫规划专家咨询委员会，并会同国务院财政部门建立国家免疫规划疫苗种类动态调整机制。

省、自治区、直辖市人民政府在执行国家免疫规划时，可以根据本行政区域疾病预防、控制需要，增加免疫规划疫苗种类，报国务院卫生健康主管部门备案并公布。

第四十二条 国务院卫生健康主管部门应当制定、公布预防接种工作规范，强化预防接种规范化管理。

国务院卫生健康主管部门应当制定、公布国家免疫规划疫苗的免疫程序和非免疫规划疫苗的使用指导原则。

省、自治区、直辖市人民政府卫生健康主管部门应当结合本行政区域实际情况制定接种方案，并报国务院卫生健康主管部门备案。

第四十三条　各级疾病预防控制机构应当按照各自职责，开展与预防接种相关的宣传、培训、技术指导、监测、评价、流行病学调查、应急处置等工作。

第四十四条　接种单位应当具备下列条件：

（一）取得医疗机构执业许可证；

（二）具有经过县级人民政府卫生健康主管部门组织的预防接种专业培训并考核合格的医师、护士或者乡村医生；

（三）具有符合疫苗储存、运输管理规范的冷藏设施、设备和冷藏保管制度。

县级以上地方人民政府卫生健康主管部门指定符合条件的医疗机构承担责任区域内免疫规划疫苗接种工作。符合条件的医疗机构可以承担非免疫规划疫苗接种工作，并应当报颁发其医疗机构执业许可证的卫生健康主管部门备案。

接种单位应当加强内部管理，开展预防接种工作应当遵守预防接种工作规范、免疫程序、疫苗使用指导原则和接种方案。

各级疾病预防控制机构应当加强对接种单位预防接种

工作的技术指导和疫苗使用的管理。

第四十五条 医疗卫生人员实施接种,应当告知受种者或者其监护人所接种疫苗的品种、作用、禁忌、不良反应以及现场留观等注意事项,询问受种者的健康状况以及是否有接种禁忌等情况,并如实记录告知和询问情况。受种者或者其监护人应当如实提供受种者的健康状况和接种禁忌等情况。有接种禁忌不能接种的,医疗卫生人员应当向受种者或者其监护人提出医学建议,并如实记录提出医学建议情况。

医疗卫生人员在实施接种前,应当按照预防接种工作规范的要求,检查受种者健康状况、核查接种禁忌,查对预防接种证,检查疫苗、注射器的外观、批号、有效期,核对受种者的姓名、年龄和疫苗的品名、规格、剂量、接种部位、接种途径,做到受种者、预防接种证和疫苗信息相一致,确认无误后方可实施接种。

医疗卫生人员应当对符合接种条件的受种者实施接种。受种者在现场留观期间出现不良反应的,医疗卫生人员应当按照预防接种工作规范的要求,及时采取救治等措施。

第四十六条 医疗卫生人员应当按照国务院卫生健康主管部门的规定,真实、准确、完整记录疫苗的品种、上市许可持有人、最小包装单位的识别信息、有效期、接种时间、实施接种的医疗卫生人员、受种者等接种信息,确保接种信息可追溯、可查询。接种记录应当保存至疫苗有效期满后不少于五年备查。

第四十七条　国家对儿童实行预防接种证制度。在儿童出生后一个月内，其监护人应当到儿童居住地承担预防接种工作的接种单位或者出生医院为其办理预防接种证。接种单位或者出生医院不得拒绝办理。监护人应当妥善保管预防接种证。

预防接种实行居住地管理，儿童离开原居住地期间，由现居住地承担预防接种工作的接种单位负责对其实施接种。

预防接种证的格式由国务院卫生健康主管部门规定。

第四十八条　儿童入托、入学时，托幼机构、学校应当查验预防接种证，发现未按照规定接种免疫规划疫苗的，应当向儿童居住地或者托幼机构、学校所在地承担预防接种工作的接种单位报告，并配合接种单位督促其监护人按照规定补种。疾病预防控制机构应当为托幼机构、学校查验预防接种证等提供技术指导。

儿童入托、入学预防接种证查验办法由国务院卫生健康主管部门会同国务院教育行政部门制定。

第四十九条　接种单位接种免疫规划疫苗不得收取任何费用。

接种单位接种非免疫规划疫苗，除收取疫苗费用外，还可以收取接种服务费。接种服务费的收费标准由省、自治区、直辖市人民政府价格主管部门会同财政部门制定。

第五十条　县级以上地方人民政府卫生健康主管部门根据传染病监测和预警信息，为预防、控制传染病暴发、流行，报经本级人民政府决定，并报省级以上人民政府卫生健康主管部门备案，可以在本行政区域进行群体性预防接种。

需要在全国范围或者跨省、自治区、直辖市范围内进行群体性预防接种的，应当由国务院卫生健康主管部门决定。

作出群体性预防接种决定的县级以上地方人民政府或者国务院卫生健康主管部门应当组织有关部门做好人员培训、宣传教育、物资调用等工作。

任何单位和个人不得擅自进行群体性预防接种。

第五十一条 传染病暴发、流行时，县级以上地方人民政府或者其卫生健康主管部门需要采取应急接种措施的，依照法律、行政法规的规定执行。

第六章 异常反应监测和处理

第五十二条 预防接种异常反应，是指合格的疫苗在实施规范接种过程中或者实施规范接种后造成受种者机体组织器官、功能损害，相关各方均无过错的药品不良反应。

下列情形不属于预防接种异常反应：

（一）因疫苗本身特性引起的接种后一般反应；

（二）因疫苗质量问题给受种者造成的损害；

（三）因接种单位违反预防接种工作规范、免疫程序、疫苗使用指导原则、接种方案给受种者造成的损害；

（四）受种者在接种时正处于某种疾病的潜伏期或者前

驱期，接种后偶合发病；

（五）受种者有疫苗说明书规定的接种禁忌，在接种前受种者或者其监护人未如实提供受种者的健康状况和接种禁忌等情况，接种后受种者原有疾病急性复发或者病情加重；

（六）因心理因素发生的个体或者群体的心因性反应。

第五十三条　国家加强预防接种异常反应监测。预防接种异常反应监测方案由国务院卫生健康主管部门会同国务院药品监督管理部门制定。

第五十四条　接种单位、医疗机构等发现疑似预防接种异常反应的，应当按照规定向疾病预防控制机构报告。

疫苗上市许可持有人应当设立专门机构，配备专职人员，主动收集、跟踪分析疑似预防接种异常反应，及时采取风险控制措施，将疑似预防接种异常反应向疾病预防控制机构报告，将质量分析报告提交省、自治区、直辖市人民政府药品监督管理部门。

第五十五条　对疑似预防接种异常反应，疾病预防控制机构应当按照规定及时报告，组织调查、诊断，并将调查、诊断结论告知受种者或者其监护人。对调查、诊断结论有争议的，可以根据国务院卫生健康主管部门制定的鉴定办法申请鉴定。

因预防接种导致受种者死亡、严重残疾，或者群体性疑似预防接种异常反应等对社会有重大影响的疑似预防接种异常反应，由设区的市级以上人民政府卫生健康主管部门、药品监督管理部门按照各自职责组织调查、处理。

第五十六条 国家实行预防接种异常反应补偿制度。实施接种过程中或者实施接种后出现受种者死亡、严重残疾、器官组织损伤等损害，属于预防接种异常反应或者不能排除的，应当给予补偿。补偿范围实行目录管理，并根据实际情况进行动态调整。

接种免疫规划疫苗所需的补偿费用，由省、自治区、直辖市人民政府财政部门在预防接种经费中安排；接种非免疫规划疫苗所需的补偿费用，由相关疫苗上市许可持有人承担。国家鼓励通过商业保险等多种形式对预防接种异常反应受种者予以补偿。

预防接种异常反应补偿应当及时、便民、合理。预防接种异常反应补偿范围、标准、程序由国务院规定，省、自治区、直辖市制定具体实施办法。

第七章 疫苗上市后管理

第五十七条 疫苗上市许可持有人应当建立健全疫苗全生命周期质量管理体系，制定并实施疫苗上市后风险管理计划，开展疫苗上市后研究，对疫苗的安全性、有效性和质量可控性进行进一步确证。

对批准疫苗注册申请时提出进一步研究要求的疫苗，疫苗上市许可持有人应当在规定期限内完成研究；逾期未完成研究或者不能证明其获益大于风险的，国务院药品监督管理部门应当依法处理，直至注销该疫苗的药品注册证书。

第五十八条　疫苗上市许可持有人应当对疫苗进行质量跟踪分析，持续提升质量控制标准，改进生产工艺，提高生产工艺稳定性。

生产工艺、生产场地、关键设备等发生变更的，应当进行评估、验证，按照国务院药品监督管理部门有关变更管理的规定备案或者报告；变更可能影响疫苗安全性、有效性和质量可控性的，应当经国务院药品监督管理部门批准。

第五十九条　疫苗上市许可持有人应当根据疫苗上市后研究、预防接种异常反应等情况持续更新说明书、标签，并按照规定申请核准或者备案。

国务院药品监督管理部门应当在其网站上及时公布更新后的疫苗说明书、标签内容。

第六十条　疫苗上市许可持有人应当建立疫苗质量回顾分析和风险报告制度，每年将疫苗生产流通、上市后研究、风险管理等情况按照规定如实向国务院药品监督管理部门报告。

第六十一条　国务院药品监督管理部门可以根据实际情况，责令疫苗上市许可持有人开展上市后评价或者直接组织开展上市后评价。

对预防接种异常反应严重或者其他原因危害人体健康

的疫苗，国务院药品监督管理部门应当注销该疫苗的药品注册证书。

第六十二条 国务院药品监督管理部门可以根据疾病预防、控制需要和疫苗行业发展情况，组织对疫苗品种开展上市后评价，发现该疫苗品种的产品设计、生产工艺、安全性、有效性或者质量可控性明显劣于预防、控制同种疾病的其他疫苗品种的，应当注销该品种所有疫苗的药品注册证书并废止相应的国家药品标准。

第八章 保障措施

第六十三条 县级以上人民政府应当将疫苗安全工作、购买免疫规划疫苗和预防接种工作以及信息化建设等所需经费纳入本级政府预算，保证免疫规划制度的实施。

县级人民政府按照国家有关规定对从事预防接种工作的乡村医生和其他基层医疗卫生人员给予补助。

国家根据需要对经济欠发达地区的预防接种工作给予支持。省、自治区、直辖市人民政府和设区的市级人民政府应当对经济欠发达地区的县级人民政府开展与预防接种相关的工作给予必要的经费补助。

第六十四条 省、自治区、直辖市人民政府根据本行政区域传染病流行趋势，在国务院卫生健康主管部门确定的传染病预防、控制项目范围内，确定本行政区域与预防接种相关的项目,并保证项目的实施。

第六十五条　国务院卫生健康主管部门根据各省、自治区、直辖市国家免疫规划疫苗使用计划,向疫苗上市许可持有人提供国家免疫规划疫苗需求信息,疫苗上市许可持有人根据疫苗需求信息合理安排生产。

疫苗存在供应短缺风险时,国务院卫生健康主管部门、国务院药品监督管理部门提出建议,国务院工业和信息化主管部门、国务院财政部门应当采取有效措施,保障疫苗生产、供应。

疫苗上市许可持有人应当依法组织生产,保障疫苗供应;疫苗上市许可持有人停止疫苗生产的,应当及时向国务院药品监督管理部门或者省、自治区、直辖市人民政府药品监督管理部门报告。

第六十六条　国家将疫苗纳入战略物资储备,实行中央和省级两级储备。

国务院工业和信息化主管部门、财政部门会同国务院卫生健康主管部门、公安部门、市场监督管理部门和药品监督管理部门,根据疾病预防、控制和公共卫生应急准备的需要,加强储备疫苗的产能、产品管理,建立动态调整机制。

第六十七条　各级财政安排用于预防接种的经费应当专款专用,任何单位和个人不得挪用、挤占。

有关单位和个人使用预防接种的经费应当依法接受审计机关的审计监督。

第六十八条 国家实行疫苗责任强制保险制度。

疫苗上市许可持有人应当按照规定投保疫苗责任强制保险。因疫苗质量问题造成受种者损害的,保险公司在承保的责任限额内予以赔付。

疫苗责任强制保险制度的具体实施办法,由国务院药品监督管理部门会同国务院卫生健康主管部门、保险监督管理机构等制定。

第六十九条 传染病暴发、流行时,相关疫苗上市许可持有人应当及时生产和供应预防、控制传染病的疫苗。交通运输单位应当优先运输预防、控制传染病的疫苗。县级以上人民政府及其有关部门应当做好组织、协调、保障工作。

第九章 监督管理

第七十条 药品监督管理部门、卫生健康主管部门按照各自职责对疫苗研制、生产、流通和预防接种全过程进行监督管理,监督疫苗上市许可持有人、疾病预防控制机构、接种单位等依法履行义务。

药品监督管理部门依法对疫苗研制、生产、储存、运输以及预防接种中的疫苗质量进行监督检查。卫生健康主管部门依法对免疫规划制度的实施、预防接种活动进行监督检查。

药品监督管理部门应当加强对疫苗上市许可持有人的

现场检查；必要时，可以对为疫苗研制、生产、流通等活动提供产品或者服务的单位和个人进行延伸检查；有关单位和个人应当予以配合，不得拒绝和隐瞒。

第七十一条　国家建设中央和省级两级职业化、专业化药品检查员队伍，加强对疫苗的监督检查。

省、自治区、直辖市人民政府药品监督管理部门选派检查员入驻疫苗上市许可持有人。检查员负责监督检查药品生产质量管理规范执行情况，收集疫苗质量风险和违法违规线索，向省、自治区、直辖市人民政府药品监督管理部门报告情况并提出建议，对派驻期间的行为负责。

第七十二条　疫苗质量管理存在安全隐患，疫苗上市许可持有人等未及时采取措施消除的，药品监督管理部门可以采取责任约谈、限期整改等措施。

严重违反药品相关质量管理规范的，药品监督管理部门应当责令暂停疫苗生产、销售、配送，立即整改；整改完成后，经药品监督管理部门检查符合要求的，方可恢复生产、销售、配送。

药品监督管理部门应当建立疫苗上市许可持有人及其相关人员信用记录制度，纳入全国信用信息共享平台，按照规定公示其严重失信信息，实施联合惩戒。

第七十三条　疫苗存在或者疑似存在质量问题的，疫苗上市许可持有人、疾病预防控制机构、接种单位应当立即停止销售、配送、使用，必要时立即停止生产，按照规定向县级以上人民政府药品监督管理部门、卫生健康主管部门报告。卫生健康主管部门应当立即组织疾病预防控制机构和接种单位采取必要的应急处置措施,同时向上级人民政府卫生健康主管部门报告。药品监督管理部门应当依法采取查封、扣押等措施。对已经销售的疫苗,疫苗上市许可持有人应当及时通知相关疾病预防控制机构、疫苗配送单位、接种单位,按照规定召回,如实记录召回和通知情况,疾病预防控制机构、疫苗配送单位、接种单位应当予以配合。

未依照前款规定停止生产、销售、配送、使用或者召回疫苗的,县级以上人民政府药品监督管理部门、卫生健康主管部门应当按照各自职责责令停止生产、销售、配送、使用或者召回疫苗。

疫苗上市许可持有人、疾病预防控制机构、接种单位发现存在或者疑似存在质量问题的疫苗,不得瞒报、谎报、缓报、漏报,不得隐匿、伪造、毁灭有关证据。

第七十四条　疫苗上市许可持有人应当建立信息公开制度,按照规定在其网站上及时公开疫苗产品信息、说明书和标签、药品相关质量管理规范执行情况、批签发情况、召回情况、接受检查和处罚情况以及投保疫苗责任强制保险情况等信息。

第七十五条　国务院药品监督管理部门会同国务院卫生健康主管部门等建立疫苗质量、预防接种等信息共享机制。

省级以上人民政府药品监督管理部门、卫生健康主管部门等应当按照科学、客观、及时、公开的原则，组织疫苗上市许可持有人、疾病预防控制机构、接种单位、新闻媒体、科研单位等，就疫苗质量和预防接种等信息进行交流沟通。

第七十六条　国家实行疫苗安全信息统一公布制度。

疫苗安全风险警示信息、重大疫苗安全事故及其调查处理信息和国务院确定需要统一公布的其他疫苗安全信息，由国务院药品监督管理部门会同有关部门公布。全国预防接种异常反应报告情况，由国务院卫生健康主管部门会同国务院药品监督管理部门统一公布。未经授权不得发布上述信息。公布重大疫苗安全信息，应当及时、准确、全面，并按照规定进行科学评估，作出必要的解释说明。

县级以上人民政府药品监督管理部门发现可能误导公众和社会舆论的疫苗安全信息，应当立即会同卫生健康主管部门及其他有关部门、专业机构、相关疫苗上市许可持有人等进行核实、分析，并及时公布结果。

任何单位和个人不得编造、散布虚假疫苗安全信息。

第七十七条　任何单位和个人有权依法了解疫苗信息，对疫苗监督管理工作提出意见、建议。

任何单位和个人有权向卫生健康主管部门、药品监督管理部门等部门举报疫苗违法行为，对卫生健康主管部门、药品监督管理部门等部门及其工作人员未依法履行监督管理职责的情况有权向本级或者上级人民政府及其有关部门、监察机关举报。有关部门、机关应当及时核实、处理;对查证属实的举报,按照规定给予举报人奖励;举报人举报所在单位严重违法行为,查证属实的,给予重奖。

第七十八条 县级以上人民政府应当制定疫苗安全事件应急预案,对疫苗安全事件分级、处置组织指挥体系与职责、预防预警机制、处置程序、应急保障措施等作出规定。

疫苗上市许可持有人应当制定疫苗安全事件处置方案,定期检查各项防范措施的落实情况,及时消除安全隐患。

发生疫苗安全事件,疫苗上市许可持有人应当立即向国务院药品监督管理部门或者省、自治区、直辖市人民政府药品监督管理部门报告;疾病预防控制机构、接种单位、医疗机构应当立即向县级以上人民政府卫生健康主管部门、药品监督管理部门报告。药品监督管理部门应当会同卫生健康主管部门按照应急预案的规定,成立疫苗安全事件处置指挥机构,开展医疗救治、风险控制、调查处理、信息发布、解释说明等工作,做好补种等善后处置工作。因质量问题造成的疫苗安全事件的补种费用由疫苗上市许可持有人承担。

有关单位和个人不得瞒报、谎报、缓报、漏报疫苗安全事件,不得隐匿、伪造、毁灭有关证据。

第十章 法律责任

第七十九条 违反本法规定,构成犯罪的,依法从重追究刑事责任。

第八十条　生产、销售的疫苗属于假药的，由省级以上人民政府药品监督管理部门没收违法所得和违法生产、销售的疫苗以及专门用于违法生产疫苗的原料、辅料、包装材料、设备等物品，责令停产停业整顿，吊销药品注册证书，直至吊销药品生产许可证等，并处违法生产、销售疫苗货值金额十五倍以上五十倍以下的罚款，货值金额不足五十万元的，按五十万元计算。

生产、销售的疫苗属于劣药的，由省级以上人民政府药品监督管理部门没收违法所得和违法生产、销售的疫苗以及专门用于违法生产疫苗的原料、辅料、包装材料、设备等物品，责令停产停业整顿，并处违法生产、销售疫苗货值金额十倍以上三十倍以下的罚款，货值金额不足五十万元的，按五十万元计算；情节严重的，吊销药品注册证书，直至吊销药品生产许可证等。

生产、销售的疫苗属于假药，或者生产、销售的疫苗属于劣药且情节严重的，由省级以上人民政府药品监督管理部门对法定代表人、主要负责人、直接负责的主管人员和关键岗位人员以及其他责任人员，没收违法行为发生期间自本单位所获收入，并处所获收入一倍以上十倍以下的罚款，终身禁止从事药品生产经营活动，由公安机关处五日以上十五日以下拘留。

第八十一条　有下列情形之一的，由省级以上人民政府药品监督管理部门没收违法所得和违法生产、销售的疫苗以及专门用于违法生产疫苗的原料、辅料、包装材料、设备等物品，责令停产停业整顿，并处违法生产、销售疫苗货值金额十五倍以上五十倍以下的罚款，货值金额不足五十万元的，按五十万元计算；情节严重的，吊销药品相关批准证明文件，直至吊销药品生产许可证等，对法定代表人、主要负责人、直接负责的主管人员和关键岗位人员以及其他责任人员，没收违法行为发生期间自本单位所获收入，并处所获收入百分之五十以上十倍以下的罚款，十年内直至终身禁止从事药品生产经营活动，由公安机关处五日以上十五日以下拘留：

（一）申请疫苗临床试验、注册、批签发提供虚假数据、资料、样品或者有其他欺骗行为；

（二）编造生产、检验记录或者更改产品批号；

（三）疾病预防控制机构以外的单位或者个人向接种单位供应疫苗；

（四）委托生产疫苗未经批准；

（五）生产工艺、生产场地、关键设备等发生变更按照规定应当经批准而未经批准；

（六）更新疫苗说明书、标签按照规定应当经核准而未经核准。

第八十二条　除本法另有规定的情形外，疫苗上市许可持有人或者其他单位违反药品相关质量管理规范的，由县级以上人民政府药品监督管理部门责令改正，给予警告；拒不改正的，处二十万元以上五十万元以下的罚款；情节严重的，处五十万元以上三百万元以下的罚款，责令停产停业整顿，直至吊销药品相关批准证明文件、药品生产许可证等，对法定代表人、主要负责人、直接负责的主管人员和关键岗位人员以及其他责任人员，没收违法行为发生期间自本单位所获收入，并处所获收入百分之五十以上五倍以下的罚款，十年内直至终身禁止从事药品生产经营活动。

第八十三条　违反本法规定，疫苗上市许可持有人有下列情形之一的，由省级以上人民政府药品监督管理部门责令改正，给予警告；拒不改正的，处二十万元以上五十万元以下的罚款；情节严重的，责令停产停业整顿，并处五十万元以上二百万元以下的罚款：

（一）未按照规定建立疫苗电子追溯系统；

（二）法定代表人、主要负责人和生产管理负责人、质量管理负责人、质量受权人等关键岗位人员不符合规定条件或者未按照规定对其进行培训、考核；

（三）未按照规定报告或者备案；

（四）未按照规定开展上市后研究，或者未按照规定设立机构、配备人员主动收集、跟踪分析疑似预防接种异常反应；

（五）未按照规定投保疫苗责任强制保险；

（六）未按照规定建立信息公开制度。

第八十四条　违反本法规定，批签发机构有下列情形之一的，由国务院药品监督管理部门责令改正，给予警告，对主要负责人、直接负责的主管人员和其他直接责任人员依法给予警告直至降级处分：

（一）未按照规定进行审核和检验；

（二）未及时公布上市疫苗批签发结果；

（三）未按照规定进行核实；

（四）发现疫苗存在重大质量风险未按照规定报告。

违反本法规定，批签发机构未按照规定发给批签发证明或者不予批签发通知书的，由国务院药品监督管理部门责令改正，给予警告，对主要负责人、直接负责的主管人员和其他直接责任人员依法给予降级或者撤职处分；情节严重的，对主要负责人、直接负责的主管人员和其他直接责任人员依法给予开除处分。

第八十五条 疾病预防控制机构、接种单位、疫苗上市许可持有人、疫苗配送单位违反疫苗储存、运输管理规范有关冷链储存、运输要求的，由县级以上人民政府药品监督管理部门责令改正，给予警告，对违法储存、运输的疫苗予以销毁，没收违法所得；拒不改正的，对接种单位、疫苗上市许可持有人、疫苗配送单位处二十万元以上一百万元以下的罚款；情节严重的，对接种单位、疫苗上市许可持有人、疫苗配送单位处违法储存、运输疫苗货值金额十倍以上三十倍以下的罚款，货值金额不足十万元的，按十万元计算，责令疫苗上市许可持有人、疫苗配送单位停产停业整顿，直至吊销药品相关批准证明文件、药品生产许可证等，对疫苗上市许可持有人、疫苗配送单位的法定代表人、主要负责人、直接负责的主管人员和关键岗位人员以及其他责任人员依照本法第八十二条规定给予处罚。

疾病预防控制机构、接种单位有前款规定违法行为的，由县级以上人民政府卫生健康主管部门对主要负责人、直接负责的主管人员和其他直接责任人员依法给予警告直至撤职处分，责令负有责任的医疗卫生人员暂停一年以上十八个月以下执业活动；造成严重后果的，对主要负责人、直接负责的主管人员和其他直接责任人员依法给予开除处分，并可以吊销接种单位的接种资格，由原发证部门吊销负有责任的医疗卫生人员的执业证书。

第八十六条　疾病预防控制机构、接种单位、疫苗上市许可持有人、疫苗配送单位有本法第八十五条规定以外的违反疫苗储存、运输管理规范行为的，由县级以上人民政府药品监督管理部门责令改正，给予警告，没收违法所得；拒不改正的，对接种单位、疫苗上市许可持有人、疫苗配送单位处十万元以上三十万元以下的罚款；情节严重的，对接种单位、疫苗上市许可持有人、疫苗配送单位处违法储存、运输疫苗货值金额三倍以上十倍以下的罚款，货值金额不足十万元的，按十万元计算。

疾病预防控制机构、接种单位有前款规定违法行为的，县级以上人民政府卫生健康主管部门可以对主要负责人、直接负责的主管人员和其他直接责任人员依法给予警告直至撤职处分，责令负有责任的医疗卫生人员暂停六个月以上一年以下执业活动；造成严重后果的，对主要负责人、直接负责的主管人员和其他直接责任人员依法给予开除处分，由原发证部门吊销负有责任的医疗卫生人员的执业证书。

第八十七条 违反本法规定，疾病预防控制机构、接种单位有下列情形之一的，由县级以上人民政府卫生健康主管部门责令改正，给予警告，没收违法所得；情节严重的，对主要负责人、直接负责的主管人员和其他直接责任人员依法给予警告直至撤职处分，责令负有责任的医疗卫生人员暂停一年以上十八个月以下执业活动；造成严重后果的，对主要负责人、直接负责的主管人员和其他直接责任人员依法给予开除处分，由原发证部门吊销负有责任的医疗卫生人员的执业证书：

（一）未按照规定供应、接收、采购疫苗；

（二）接种疫苗未遵守预防接种工作规范、免疫程序、疫苗使用指导原则、接种方案；

（三）擅自进行群体性预防接种。

第八十八条 违反本法规定，疾病预防控制机构、接种单位有下列情形之一的，由县级以上人民政府卫生健康主管部门责令改正，给予警告；情节严重的，对主要负责人、直接负责的主管人员和其他直接责任人员依法给予警告直至撤职处分，责令负有责任的医疗卫生人员暂停六个月以上一年以下执业活动；造成严重后果的，对主要负责人、直接负责的主管人员和其他直接责任人员依法给予开除处分，由原发证部门吊销负有责任的医疗卫生人员的执业证书：

（一）未按照规定提供追溯信息；

（二）接收或者购进疫苗时未按照规定索取并保存相关证明文件、温度监测记录；

（三）未按照规定建立并保存疫苗接收、购进、储存、配送、供应、接种、处置记录；

（四）未按照规定告知、询问受种者或者其监护人有关情况。

第八十九条　疾病预防控制机构、接种单位、医疗机构未按照规定报告疑似预防接种异常反应、疫苗安全事件等，或者未按照规定对疑似预防接种异常反应组织调查、诊断等的，由县级以上人民政府卫生健康主管部门责令改正，给予警告；情节严重的，对接种单位、医疗机构处五万元以上五十万元以下的罚款，对疾病预防控制机构、接种单位、医疗机构的主要负责人、直接负责的主管人员和其他直接责任人员依法给予警告直至撤职处分；造成严重后果的，对主要负责人、直接负责的主管人员和其他直接责任人员依法给予开除处分，由原发证部门吊销负有责任的医疗卫生人员的执业证书。

第九十条　疾病预防控制机构、接种单位违反本法规定收取费用的，由县级以上人民政府卫生健康主管部门监督其将违法收取的费用退还给原缴费的单位或者个人，并由县级以上人民政府市场监督管理部门依法给予处罚。

第九十一条 违反本法规定，未经县级以上地方人民政府卫生健康主管部门指定擅自从事免疫规划疫苗接种工作、从事非免疫规划疫苗接种工作不符合条件或者未备案的，由县级以上人民政府卫生健康主管部门责令改正，给予警告，没收违法所得和违法持有的疫苗，责令停业整顿，并处十万元以上一百万元以下的罚款，对主要负责人、直接负责的主管人员和其他直接责任人员依法给予处分。

违反本法规定，疾病预防控制机构、接种单位以外的单位或者个人擅自进行群体性预防接种的，由县级以上人民政府卫生健康主管部门责令改正，没收违法所得和违法持有的疫苗，并处违法持有的疫苗货值金额十倍以上三十倍以下的罚款，货值金额不足五万元的，按五万元计算。

第九十二条 监护人未依法保证适龄儿童按时接种免疫规划疫苗的，由县级人民政府卫生健康主管部门批评教育，责令改正。

托幼机构、学校在儿童入托、入学时未按照规定查验预防接种证，或者发现未按照规定接种的儿童后未向接种单位报告的，由县级以上地方人民政府教育行政部门责令改正，给予警告，对主要负责人、直接负责的主管人员和其他直接责任人员依法给予处分。

第九十三条 编造、散布虚假疫苗安全信息，或者在接种单位寻衅滋事,构成违反治安管理行为的,由公安机关依法给予治安管理处罚。

报纸、期刊、广播、电视、互联网站等传播媒介编造、散布虚假疫苗安全信息的,由有关部门依法给予处罚,对主要负责人、直接负责的主管人员和其他直接责任人员依法给予处分。

第九十四条　县级以上地方人民政府在疫苗监督管理工作中有下列情形之一的,对直接负责的主管人员和其他直接责任人员依法给予降级或者撤职处分;情节严重的,依法给予开除处分;造成严重后果的,其主要负责人应当引咎辞职:

(一)履行职责不力,造成严重不良影响或者重大损失;

(二)瞒报、谎报、缓报、漏报疫苗安全事件;

(三)干扰、阻碍对疫苗违法行为或者疫苗安全事件的调查;

(四)本行政区域发生特别重大疫苗安全事故,或者连续发生重大疫苗安全事故。

第九十五条　药品监督管理部门、卫生健康主管部门等部门在疫苗监督管理工作中有下列情形之一的,对直接负责的主管人员和其他直接责任人员依法给予降级或者撤职处分;情节严重的,依法给予开除处分;造成严重后果的,其主要负责人应当引咎辞职:

(一)未履行监督检查职责,或者发现违法行为不及时查处；

（二）擅自进行群体性预防接种；

（三）瞒报、谎报、缓报、漏报疫苗安全事件；

（四）干扰、阻碍对疫苗违法行为或者疫苗安全事件的调查；

（五）泄露举报人的信息；

（六）接到疑似预防接种异常反应相关报告，未按照规定组织调查、处理；

（七）其他未履行疫苗监督管理职责的行为，造成严重不良影响或者重大损失。

第九十六条 因疫苗质量问题造成受种者损害的，疫苗上市许可持有人应当依法承担赔偿责任。

疾病预防控制机构、接种单位因违反预防接种工作规范、免疫程序、疫苗使用指导原则、接种方案，造成受种者损害的，应当依法承担赔偿责任。

第十一章 附 则

第九十七条 本法下列用语的含义是：

免疫规划疫苗，是指居民应当按照政府的规定接种的疫苗，包括国家免疫规划确定的疫苗，省、自治区、直辖市人民政府在执行国家免疫规划时增加的疫苗，以及县级以上人民政府或者其卫生健康主管部门组织的应急接种或者群体性预防接种所使用的疫苗。

非免疫规划疫苗，是指由居民自愿接种的其他疫苗。

疫苗上市许可持有人，是指依法取得疫苗药品注册证书和药品生产许可证的企业。

第九十八条 国家鼓励疫苗生产企业按照国际采购要求生产、出口疫苗。

出口的疫苗应当符合进口国（地区）的标准或者合同要求。

第九十九条 出入境预防接种及所需疫苗的采购，由国境卫生检疫机关商国务院财政部门另行规定。

第一百条 本法自2019年12月1日起施行。

中华人民共和国药品管理法

（1984 年 9 月 20 日第六届全国人民代表大会常务委员会第七次会议通过　2001 年 2 月 28 日第九届全国人民代表大会常务委员会第二十次会议第一次修订　根据 2013 年 12 月 28 日第十二届全国人民代表大会常务委员会第六次会议《关于修改〈中华人民共和国海洋环境保护法〉等七部法律的决定》第一次修正　根据 2015 年 4 月 24 日第十二届全国人民代表大会常务委员会第十四次会议《关于修改〈中华人民共和国药品管理法〉的决定》第二次修正　2019 年 8 月 26 日第十三届全国人民代表大会常务委员会第十二次会议第二次修订）

目　　录

第一章　总　则

第一条　为了加强药品管理，保证药品质量，保障公众用药安全和合法权益，保护和促进公众健康，制定本法。

第二条　在中华人民共和国境内从事药品研制、生产、经营、使用和监督管理活动，适用本法。

本法所称药品，是指用于预防、治疗、诊断人的疾病，有目的地调节人的生理机能并规定有适应症或者功能主治、用法和用量的物质，包括中药、化学药和生物制品等。

第三条　药品管理应当以人民健康为中心，坚持风险管理、全程管控、社会共治的原则，建立科学、严格的监督管理制度，全面提升药品质量，保障药品的安全、有效、可及。

第四条 国家发展现代药和传统药,充分发挥其在预防、医疗和保健中的作用。

国家保护野生药材资源和中药品种,鼓励培育道地中药材。

第五条 国家鼓励研究和创制新药,保护公民、法人和其他组织研究、开发新药的合法权益。

第六条 国家对药品管理实行药品上市许可持有人制度。药品上市许可持有人依法对药品研制、生产、经营、使用全过程中药品的安全性、有效性和质量可控性负责。

第七条 从事药品研制、生产、经营、使用活动,应当遵守法律、法规、规章、标准和规范,保证全过程信息真实、准确、完整和可追溯。

第八条 国务院药品监督管理部门主管全国药品监督管理工作。国务院有关部门在各自职责范围内负责与药品有关的监督管理工作。国务院药品监督管理部门配合国务院有关部门,执行国家药品行业发展规划和产业政策。

省、自治区、直辖市人民政府药品监督管理部门负责本行政区域内的药品监督管理工作。设区的市级、县级人民政府承担药品监督管理职责的部门(以下称药品监督管理部门)负责本行政区域内的药品监督管理工作。县级以上地方人民政府有关部门在各自职责范围内负责与药品有关的监督管理工作。

第九条 县级以上地方人民政府对本行政区域内的药

品监督管理工作负责，统一领导、组织、协调本行政区域内的药品监督管理工作以及药品安全突发事件应对工作，建立健全药品监督管理工作机制和信息共享机制。

第十条　县级以上人民政府应当将药品安全工作纳入本级国民经济和社会发展规划，将药品安全工作经费列入本级政府预算，加强药品监督管理能力建设，为药品安全工作提供保障。

第十一条　药品监督管理部门设置或者指定的药品专业技术机构，承担依法实施药品监督管理所需的审评、检验、核查、监测与评价等工作。

第十二条　国家建立健全药品追溯制度。国务院药品监督管理部门应当制定统一的药品追溯标准和规范，推进药品追溯信息互通互享，实现药品可追溯。

国家建立药物警戒制度，对药品不良反应及其他与用药有关的有害反应进行监测、识别、评估和控制。

第十三条　各级人民政府及其有关部门、药品行业协会等应当加强药品安全宣传教育，开展药品安全法律法规等知识的普及工作。

新闻媒体应当开展药品安全法律法规等知识的公益宣传，并对药品违法行为进行舆论监督。有关药品的宣传报道应当全面、科学、客观、公正。

第十四条　药品行业协会应当加强行业自律，建立健全行业规范，推动行业诚信体系建设，引导和督促会员依法开展药品生产经营等活动。

第十五条 县级以上人民政府及其有关部门对在药品研制、生产、经营、使用和监督管理工作中做出突出贡献的单位和个人,按照国家有关规定给予表彰、奖励。

第二章 药品研制和注册

第十六条 国家支持以临床价值为导向、对人的疾病具有明确或者特殊疗效的药物创新,鼓励具有新的治疗机理、治疗严重危及生命的疾病或者罕见病、对人体具有多靶向系统性调节干预功能等的新药研制,推动药品技术进步。

国家鼓励运用现代科学技术和传统中药研究方法开展中药科学技术研究和药物开发,建立和完善符合中药特点的技术评价体系,促进中药传承创新。

国家采取有效措施,鼓励儿童用药品的研制和创新,支持开发符合儿童生理特征的儿童用药品新品种、剂型和规格,对儿童用药品予以优先审评审批。

第十七条 从事药品研制活动,应当遵守药物非临床研究质量管理规范、药物临床试验质量管理规范,保证药品研制全过程持续符合法定要求。

药物非临床研究质量管理规范、药物临床试验质量管理规范由国务院药品监督管理部门会同国务院有关部门制定。

第十八条 开展药物非临床研究,应当符合国家有关规定，有与研究项目相适应的人员、场地、设备、仪器和管理制度，保证有关数据、资料和样品的真实性。

第十九条　开展药物临床试验，应当按照国务院药品监督管理部门的规定如实报送研制方法、质量指标、药理及毒理试验结果等有关数据、资料和样品，经国务院药品监督管理部门批准。国务院药品监督管理部门应当自受理临床试验申请之日起六十个工作日内决定是否同意并通知临床试验申办者，逾期未通知的，视为同意。其中，开展生物等效性试验的，报国务院药品监督管理部门备案。

开展药物临床试验，应当在具备相应条件的临床试验机构进行。药物临床试验机构实行备案管理，具体办法由国务院药品监督管理部门、国务院卫生健康主管部门共同制定。

第二十条　开展药物临床试验，应当符合伦理原则，制定临床试验方案，经伦理委员会审查同意。

伦理委员会应当建立伦理审查工作制度，保证伦理审查过程独立、客观、公正，监督规范开展药物临床试验，保障受试者合法权益，维护社会公共利益。

第二十一条　实施药物临床试验，应当向受试者或者其监护人如实说明和解释临床试验的目的和风险等详细情况，取得受试者或者其监护人自愿签署的知情同意书，并采取有效措施保护受试者合法权益。

第二十二条　药物临床试验期间，发现存在安全性问题或者其他风险的，临床试验申办者应当及时调整临床试验方案、暂停或者终止临床试验，并向国务院药品监督管理部门报告。必要时，国务院药品监督管理部门可以责令调整临床试验方案、暂停或者终止临床试验。

第二十三条 对正在开展临床试验的用于治疗严重危及生命且尚无有效治疗手段的疾病的药物，经医学观察可能获益，并且符合伦理原则的，经审查、知情同意后可以在开展临床试验的机构内用于其他病情相同的患者。

第二十四条 在中国境内上市的药品，应当经国务院药品监督管理部门批准，取得药品注册证书；但是，未实施审批管理的中药材和中药饮片除外。实施审批管理的中药材、中药饮片品种目录由国务院药品监督管理部门会同国务院中医药主管部门制定。

申请药品注册，应当提供真实、充分、可靠的数据、资料和样品，证明药品的安全性、有效性和质量可控性。

第二十五条 对申请注册的药品，国务院药品监督管理部门应当组织药学、医学和其他技术人员进行审评，对药品的安全性、有效性和质量可控性以及申请人的质量管理、风险防控和责任赔偿等能力进行审查；符合条件的，颁发药品注册证书。

国务院药品监督管理部门在审批药品时，对化学原料药一并审评审批，对相关辅料、直接接触药品的包装材料和容器一并审评，对药品的质量标准、生产工艺、标签和说明书一并核准。

本法所称辅料，是指生产药品和调配处方时所用的赋形剂和附加剂。

第二十六条　对治疗严重危及生命且尚无有效治疗手段的疾病以及公共卫生方面急需的药品，药物临床试验已有数据显示疗效并能预测其临床价值的，可以附条件批准，并在药品注册证书中载明相关事项。

第二十七条　国务院药品监督管理部门应当完善药品审评审批工作制度，加强能力建设，建立健全沟通交流、专家咨询等机制，优化审评审批流程，提高审评审批效率。

批准上市药品的审评结论和依据应当依法公开，接受社会监督。对审评审批中知悉的商业秘密应当保密。

第二十八条　药品应当符合国家药品标准。经国务院药品监督管理部门核准的药品质量标准高于国家药品标准的，按照经核准的药品质量标准执行；没有国家药品标准的，应当符合经核准的药品质量标准。

国务院药品监督管理部门颁布的《中华人民共和国药典》和药品标准为国家药品标准。

国务院药品监督管理部门会同国务院卫生健康主管部门组织药典委员会，负责国家药品标准的制定和修订。

国务院药品监督管理部门设置或者指定的药品检验机构负责标定国家药品标准品、对照品。

第二十九条　列入国家药品标准的药品名称为药品通用名称。已经作为药品通用名称的，该名称不得作为药品商标使用。

第三章　药品上市许可持有人

第三十条　药品上市许可持有人是指取得药品注册证书的企业或者药品研制机构等。

药品上市许可持有人应当依照本法规定，对药品的非临床研究、临床试验、生产经营、上市后研究、不良反应监测及报告与处理等承担责任。其他从事药品研制、生产、经营、储存、运输、使用等活动的单位和个人依法承担相应责任。

药品上市许可持有人的法定代表人、主要负责人对药品质量全面负责。

第三十一条　药品上市许可持有人应当建立药品质量保证体系，配备专门人员独立负责药品质量管理。

药品上市许可持有人应当对受托药品生产企业、药品经营企业的质量管理体系进行定期审核，监督其持续具备质量保证和控制能力。

第三十二条　药品上市许可持有人可以自行生产药品，也可以委托药品生产企业生产。

药品上市许可持有人自行生产药品的，应当依照本法规定取得药品生产许可证；委托生产的，应当委托符合条件的药品生产企业。药品上市许可持有人和受托生产企业应当签订委托协议和质量协议，并严格履行协议约定的义务。

国务院药品监督管理部门制定药品委托生产质量协议指南，指导、监督药品上市许可持有人和受托生产企业履行药品质量保证义务。

血液制品、麻醉药品、精神药品、医疗用毒性药品、药品类易制毒化学品不得委托生产；但是，国务院药品监督管理部门另有规定的除外。

第三十三条　药品上市许可持有人应当建立药品上市放行规程，对药品生产企业出厂放行的药品进行审核，经质量受权人签字后方可放行。不符合国家药品标准的，不得放行。

第三十四条　药品上市许可持有人可以自行销售其取得药品注册证书的药品，也可以委托药品经营企业销售。药品上市许可持有人从事药品零售活动的，应当取得药品经营许可证。

药品上市许可持有人自行销售药品的，应当具备本法第五十二条规定的条件；委托销售的，应当委托符合条件的药品经营企业。药品上市许可持有人和受托经营企业应当签订委托协议，并严格履行协议约定的义务。

第三十五条　药品上市许可持有人、药品生产企业、药品经营企业委托储存、运输药品的，应当对受托方的质量保证能力和风险管理能力进行评估，与其签订委托协议，约定药品质量责任、操作规程等内容，并对受托方进行监督。

第三十六条　药品上市许可持有人、药品生产企业、药品经营企业和医疗机构应当建立并实施药品追溯制度，按照规定提供追溯信息，保证药品可追溯。

第三十七条 药品上市许可持有人应当建立年度报告制度，每年将药品生产销售、上市后研究、风险管理等情况按照规定向省、自治区、直辖市人民政府药品监督管理部门报告。

第三十八条 药品上市许可持有人为境外企业的，应当由其指定的在中国境内的企业法人履行药品上市许可持有人义务，与药品上市许可持有人承担连带责任。

第三十九条 中药饮片生产企业履行药品上市许可持有人的相关义务，对中药饮片生产、销售实行全过程管理，建立中药饮片追溯体系，保证中药饮片安全、有效、可追溯。

第四十条 经国务院药品监督管理部门批准，药品上市许可持有人可以转让药品上市许可。受让方应当具备保障药品安全性、有效性和质量可控性的质量管理、风险防控和责任赔偿等能力，履行药品上市许可持有人义务。

第四章 药 品 生 产

第四十一条 从事药品生产活动，应当经所在地省、自治区、直辖市人民政府药品监督管理部门批准，取得药品生产许可证。无药品生产许可证的，不得生产药品。

药品生产许可证应当标明有效期和生产范围，到期重新审查发证。

第四十二条　从事药品生产活动,应当具备以下条件:

(一)有依法经过资格认定的药学技术人员、工程技术人员及相应的技术工人;

(二)有与药品生产相适应的厂房、设施和卫生环境;

(三)有能对所生产药品进行质量管理和质量检验的机构、人员及必要的仪器设备;

(四)有保证药品质量的规章制度,并符合国务院药品监督管理部门依据本法制定的药品生产质量管理规范要求。

第四十三条　从事药品生产活动,应当遵守药品生产质量管理规范,建立健全药品生产质量管理体系,保证药品生产全过程持续符合法定要求。

药品生产企业的法定代表人、主要负责人对本企业的药品生产活动全面负责。

第四十四条　药品应当按照国家药品标准和经药品监督管理部门核准的生产工艺进行生产。生产、检验记录应当完整准确,不得编造。

中药饮片应当按照国家药品标准炮制;国家药品标准没有规定的,应当按照省、自治区、直辖市人民政府药品监督管理部门制定的炮制规范炮制。省、自治区、直辖市人民政府药品监督管理部门制定的炮制规范应当报国务院药品监督管理部门备案。不符合国家药品标准或者不按照省、自治区、直辖市人民政府药品监督管理部门制定的炮制规范炮制的，不得出厂、销售。

第四十五条 生产药品所需的原料、辅料，应当符合药用要求、药品生产质量管理规范的有关要求。

生产药品，应当按照规定对供应原料、辅料等的供应商进行审核，保证购进、使用的原料、辅料等符合前款规定要求。

第四十六条 直接接触药品的包装材料和容器，应当符合药用要求，符合保障人体健康、安全的标准。

对不合格的直接接触药品的包装材料和容器，由药品监督管理部门责令停止使用。

第四十七条 药品生产企业应当对药品进行质量检验。不符合国家药品标准的，不得出厂。

药品生产企业应当建立药品出厂放行规程，明确出厂放行的标准、条件。符合标准、条件的，经质量受权人签字后方可放行。

第四十八条 药品包装应当适合药品质量的要求，方便储存、运输和医疗使用。

发运中药材应当有包装。在每件包装上，应当注明品名、产地、日期、供货单位，并附有质量合格的标志。

第四十九条 药品包装应当按照规定印有或者贴有标签并附有说明书。

标签或者说明书应当注明药品的通用名称、成份、规格、上市许可持有人及其地址、生产企业及其地址、批准文号、产品批号、生产日期、有效期、适应症或者功能主治、用法、用量、禁忌、不良反应和注意事项。标签、说明书中的文字应当清晰，生产日期、有效期等事项应当显著标注，容易辨识。

麻醉药品、精神药品、医疗用毒性药品、放射性药品、外用药品和非处方药的标签、说明书，应当印有规定的标志。

第五十条　药品上市许可持有人、药品生产企业、药品经营企业和医疗机构中直接接触药品的工作人员，应当每年进行健康检查。患有传染病或者其他可能污染药品的疾病的，不得从事直接接触药品的工作。

第五章　药品经营

第五十一条　从事药品批发活动，应当经所在地省、自治区、直辖市人民政府药品监督管理部门批准，取得药品经营许可证。从事药品零售活动，应当经所在地县级以上地方人民政府药品监督管理部门批准，取得药品经营许可证。无药品经营许可证的，不得经营药品。

药品经营许可证应当标明有效期和经营范围，到期重新审查发证。

药品监督管理部门实施药品经营许可，除依据本法第五十二条规定的条件外，还应当遵循方便群众购药的原则。

第五十二条　从事药品经营活动应当具备以下条件：

（一）有依法经过资格认定的药师或者其他药学技术

人员；

（二）有与所经营药品相适应的营业场所、设备、仓储设施和卫生环境；

（三）有与所经营药品相适应的质量管理机构或者人员；

（四）有保证药品质量的规章制度，并符合国务院药品监督管理部门依据本法制定的药品经营质量管理规范要求。

第五十三条 从事药品经营活动，应当遵守药品经营质量管理规范，建立健全药品经营质量管理体系，保证药品经营全过程持续符合法定要求。

国家鼓励、引导药品零售连锁经营。从事药品零售连锁经营活动的企业总部，应当建立统一的质量管理制度，对所属零售企业的经营活动履行管理责任。

药品经营企业的法定代表人、主要负责人对本企业的药品经营活动全面负责。

第五十四条 国家对药品实行处方药与非处方药分类管理制度。具体办法由国务院药品监督管理部门会同国务院卫生健康主管部门制定。

第五十五条 药品上市许可持有人、药品生产企业、药品经营企业和医疗机构应当从药品上市许可持有人或者具有药品生产、经营资格的企业购进药品；但是，购进未实施审批管理的中药材除外。

第五十六条 药品经营企业购进药品，应当建立并执行进货检查验收制度，验明药品合格证明和其他标识；不符合规定要求的，不得购进和销售。

第五十七条　药品经营企业购销药品，应当有真实、完整的购销记录。购销记录应当注明药品的通用名称、剂型、规格、产品批号、有效期、上市许可持有人、生产企业、购销单位、购销数量、购销价格、购销日期及国务院药品监督管理部门规定的其他内容。

第五十八条　药品经营企业零售药品应当准确无误，并正确说明用法、用量和注意事项；调配处方应当经过核对，对处方所列药品不得擅自更改或者代用。对有配伍禁忌或者超剂量的处方，应当拒绝调配；必要时，经处方医师更正或者重新签字，方可调配。

药品经营企业销售中药材，应当标明产地。

依法经过资格认定的药师或者其他药学技术人员负责本企业的药品管理、处方审核和调配、合理用药指导等工作。

第五十九条　药品经营企业应当制定和执行药品保管制度，采取必要的冷藏、防冻、防潮、防虫、防鼠等措施，保证药品质量。

药品入库和出库应当执行检查制度。

第六十条　城乡集市贸易市场可以出售中药材，国务院另有规定的除外。

第六十一条　药品上市许可持有人、药品经营企业通过网络销售药品，应当遵守本法药品经营的有关规定。具体管理办法由国务院药品监督管理部门会同国务院卫生健康主管部门等部门制定。

疫苗、血液制品、麻醉药品、精神药品、医疗用毒性药品、放射性药品、药品类易制毒化学品等国家实行特殊管理的药品不得在网络上销售。

第六十二条 药品网络交易第三方平台提供者应当按照国务院药品监督管理部门的规定，向所在地省、自治区、直辖市人民政府药品监督管理部门备案。

第三方平台提供者应当依法对申请进入平台经营的药品上市许可持有人、药品经营企业的资质等进行审核，保证其符合法定要求，并对发生在平台的药品经营行为进行管理。

第三方平台提供者发现进入平台经营的药品上市许可持有人、药品经营企业有违反本法规定行为的，应当及时制止并立即报告所在地县级人民政府药品监督管理部门；发现严重违法行为的，应当立即停止提供网络交易平台服务。

第六十三条 新发现和从境外引种的药材，经国务院药品监督管理部门批准后，方可销售。

第六十四条 药品应当从允许药品进口的口岸进口，并由进口药品的企业向口岸所在地药品监督管理部门备案。海关凭药品监督管理部门出具的进口药品通关单办理通关手续。无进口药品通关单的，海关不得放行。

口岸所在地药品监督管理部门应当通知药品检验机构按照国务院药品监督管理部门的规定对进口药品进行抽查

检验。

允许药品进口的口岸由国务院药品监督管理部门会同海关总署提出,报国务院批准。

第六十五条　医疗机构因临床急需进口少量药品的,经国务院药品监督管理部门或者国务院授权的省、自治区、直辖市人民政府批准,可以进口。进口的药品应当在指定医疗机构内用于特定医疗目的。

个人自用携带入境少量药品,按照国家有关规定办理。

第六十六条　进口、出口麻醉药品和国家规定范围内的精神药品,应当持有国务院药品监督管理部门颁发的进口准许证、出口准许证。

第六十七条　禁止进口疗效不确切、不良反应大或者因其他原因危害人体健康的药品。

第六十八条　国务院药品监督管理部门对下列药品在销售前或者进口时,应当指定药品检验机构进行检验;未经检验或者检验不合格的,不得销售或者进口:

(一)首次在中国境内销售的药品;

(二)国务院药品监督管理部门规定的生物制品;

(三)国务院规定的其他药品。

第六章　医疗机构药事管理

第六十九条　医疗机构应当配备依法经过资格认定的

药师或者其他药学技术人员，负责本单位的药品管理、处方审核和调配、合理用药指导等工作。非药学技术人员不得直接从事药剂技术工作。

第七十条 医疗机构购进药品，应当建立并执行进货检查验收制度，验明药品合格证明和其他标识；不符合规定要求的，不得购进和使用。

第七十一条 医疗机构应当有与所使用药品相适应的场所、设备、仓储设施和卫生环境，制定和执行药品保管制度，采取必要的冷藏、防冻、防潮、防虫、防鼠等措施，保证药品质量。

第七十二条 医疗机构应当坚持安全有效、经济合理的用药原则，遵循药品临床应用指导原则、临床诊疗指南和药品说明书等合理用药，对医师处方、用药医嘱的适宜性进行审核。

医疗机构以外的其他药品使用单位，应当遵守本法有关医疗机构使用药品的规定。

第七十三条 依法经过资格认定的药师或者其他药学技术人员调配处方，应当进行核对，对处方所列药品不得擅自更改或者代用。对有配伍禁忌或者超剂量的处方，应当拒绝调配；必要时，经处方医师更正或者重新签字，方可调配。

第七十四条 医疗机构配制制剂，应当经所在地省、自治区、直辖市人民政府药品监督管理部门批准，取得医疗机构制剂许可证。无医疗机构制剂许可证的，不得配制制剂。

医疗机构制剂许可证应当标明有效期，到期重新审查发证。

第七十五条　医疗机构配制制剂，应当有能够保证制剂质量的设施、管理制度、检验仪器和卫生环境。

医疗机构配制制剂，应当按照经核准的工艺进行，所需的原料、辅料和包装材料等应当符合药用要求。

第七十六条　医疗机构配制的制剂，应当是本单位临床需要而市场上没有供应的品种，并应当经所在地省、自治区、直辖市人民政府药品监督管理部门批准；但是，法律对配制中药制剂另有规定的除外。

医疗机构配制的制剂应当按照规定进行质量检验；合格的，凭医师处方在本单位使用。经国务院药品监督管理部门或者省、自治区、直辖市人民政府药品监督管理部门批准，医疗机构配制的制剂可以在指定的医疗机构之间调剂使用。

医疗机构配制的制剂不得在市场上销售。

第七章　药品上市后管理

第七十七条　药品上市许可持有人应当制定药品上市后风险管理计划，主动开展药品上市后研究，对药品的安全性、有效性和质量可控性进行进一步确证，加强对已上市药品的持续管理。

第七十八条　对附条件批准的药品，药品上市许可持有人应当采取相应风险管理措施，并在规定期限内按照要求完成相关研究；逾期未按照要求完成研究或者不能证明其获益大于风险的，国务院药品监督管理部门应当依法处理，直至注销药品注册证书。

第七十九条 对药品生产过程中的变更，按照其对药品安全性、有效性和质量可控性的风险和产生影响的程度，实行分类管理。属于重大变更的，应当经国务院药品监督管理部门批准，其他变更应当按照国务院药品监督管理部门的规定备案或者报告。

药品上市许可持有人应当按照国务院药品监督管理部门的规定，全面评估、验证变更事项对药品安全性、有效性和质量可控性的影响。

第八十条 药品上市许可持有人应当开展药品上市后不良反应监测，主动收集、跟踪分析疑似药品不良反应信息，对已识别风险的药品及时采取风险控制措施。

第八十一条 药品上市许可持有人、药品生产企业、药品经营企业和医疗机构应当经常考察本单位所生产、经营、使用的药品质量、疗效和不良反应。发现疑似不良反应的，应当及时向药品监督管理部门和卫生健康主管部门报告。具体办法由国务院药品监督管理部门会同国务院卫生健康主管部门制定。

对已确认发生严重不良反应的药品，由国务院药品监督管理部门或者省、自治区、直辖市人民政府药品监督管理部门根据实际情况采取停止生产、销售、使用等紧急控制措施，并应当在五日内组织鉴定，自鉴定结论作出之日起十五日内依法作出行政处理决定。

第八十二条　药品存在质量问题或者其他安全隐患的，药品上市许可持有人应当立即停止销售，告知相关药品经营企业和医疗机构停止销售和使用，召回已销售的药品，及时公开召回信息，必要时应当立即停止生产，并将药品召回和处理情况向省、自治区、直辖市人民政府药品监督管理部门和卫生健康主管部门报告。药品生产企业、药品经营企业和医疗机构应当配合。

药品上市许可持有人依法应当召回药品而未召回的，省、自治区、直辖市人民政府药品监督管理部门应当责令其召回。

第八十三条　药品上市许可持有人应当对已上市药品的安全性、有效性和质量可控性定期开展上市后评价。必要时，国务院药品监督管理部门可以责令药品上市许可持有人开展上市后评价或者直接组织开展上市后评价。

经评价，对疗效不确切、不良反应大或者因其他原因危害人体健康的药品，应当注销药品注册证书。

已被注销药品注册证书的药品，不得生产或者进口、销售和使用。

已被注销药品注册证书、超过有效期等的药品，应当由药品监督管理部门监督销毁或者依法采取其他无害化处理等措施。

第八章　药品价格和广告

第八十四条　国家完善药品采购管理制度，对药品价格进行监测，开展成本价格调查，加强药品价格监督检查，依法查处价格垄断、哄抬价格等药品价格违法行为，维护药品价格秩序。

第八十五条　依法实行市场调节价的药品，药品上市许可持有人、药品生产企业、药品经营企业和医疗机构应当按照公平、合理和诚实信用、质价相符的原则制定价格，为用药者提供价格合理的药品。

药品上市许可持有人、药品生产企业、药品经营企业和医疗机构应当遵守国务院药品价格主管部门关于药品价格管理的规定，制定和标明药品零售价格，禁止暴利、价格垄断和价格欺诈等行为。

第八十六条　药品上市许可持有人、药品生产企业、药品经营企业和医疗机构应当依法向药品价格主管部门提供其药品的实际购销价格和购销数量等资料。

第八十七条　医疗机构应当向患者提供所用药品的价格清单，按照规定如实公布其常用药品的价格，加强合理用药管理。具体办法由国务院卫生健康主管部门制定。

第八十八条　禁止药品上市许可持有人、药品生产企业、药品经营企业和医疗机构在药品购销中给予、收受回扣或者其他不正当利益。

禁止药品上市许可持有人、药品生产企业、药品经营企业或者代理人以任何名义给予使用其药品的医疗机构的负责人、药品采购人员、医师、药师等有关人员财物或者其他不正当利益。禁止医疗机构的负责人、药品采购人员、医师、药师等有关人员以任何名义收受药品上市许可持有人、药品生产企业、药品经营企业或者代理人给予的财物或者其他不正当利益。

第八十九条　药品广告应当经广告主所在地省、自治区、直辖市人民政府确定的广告审查机关批准；未经批准的，不得发布。

第九十条　药品广告的内容应当真实、合法，以国务院药品监督管理部门核准的药品说明书为准，不得含有虚假的内容。

药品广告不得含有表示功效、安全性的断言或者保证；不得利用国家机关、科研单位、学术机构、行业协会或者专家、学者、医师、药师、患者等的名义或者形象作推荐、证明。

非药品广告不得有涉及药品的宣传。

第九十一条　药品价格和广告，本法未作规定的，适用《中华人民共和国价格法》、《中华人民共和国反垄断法》、《中华人民共和国反不正当竞争法》、《中华人民共和国广告法》等的规定。

第九章　药品储备和供应

第九十二条　国家实行药品储备制度，建立中央和地方两级药品储备。

发生重大灾情、疫情或者其他突发事件时，依照《中华人民共和国突发事件应对法》的规定，可以紧急调用药品。

第九十三条　国家实行基本药物制度，遴选适当数量的基本药物品种，加强组织生产和储备，提高基本药物的供给能力，满足疾病防治基本用药需求。

第九十四条　国家建立药品供求监测体系，及时收集和汇总分析短缺药品供求信息，对短缺药品实行预警，采取应对措施。

第九十五条　国家实行短缺药品清单管理制度。具体办法由国务院卫生健康主管部门会同国务院药品监督管理部门等部门制定。

药品上市许可持有人停止生产短缺药品的，应当按照规定向国务院药品监督管理部门或者省、自治区、直辖市人民政府药品监督管理部门报告。

第九十六条　国家鼓励短缺药品的研制和生产，对临床急需的短缺药品、防治重大传染病和罕见病等疾病的新药予以优先审评审批。

第九十七条　对短缺药品，国务院可以限制或者禁止出口。必要时，国务院有关部门可以采取组织生产、价格干预和扩大进口等措施，保障药品供应。

药品上市许可持有人、药品生产企业、药品经营企业应当按照规定保障药品的生产和供应。

第十章　监 督 管 理

第九十八条　禁止生产（包括配制，下同）、销售、使用假药、劣药。

有下列情形之一的，为假药：

（一）药品所含成份与国家药品标准规定的成份不符；

（二）以非药品冒充药品或者以他种药品冒充此种药品；

（三）变质的药品；

（四）药品所标明的适应症或者功能主治超出规定范围。

有下列情形之一的，为劣药：

（一）药品成份的含量不符合国家药品标准；

（二）被污染的药品；

（三）未标明或者更改有效期的药品；

（四）未注明或者更改产品批号的药品；

（五）超过有效期的药品；

（六）擅自添加防腐剂、辅料的药品；

（七）其他不符合药品标准的药品。

禁止未取得药品批准证明文件生产、进口药品；禁止使用未按照规定审评、审批的原料药、包装材料和容器生产药品。

第九十九条 药品监督管理部门应当依照法律、法规的规定对药品研制、生产、经营和药品使用单位使用药品等活动进行监督检查，必要时可以对为药品研制、生产、经营、使用提供产品或者服务的单位和个人进行延伸检查，有关单位和个人应当予以配合，不得拒绝和隐瞒。

药品监督管理部门应当对高风险的药品实施重点监督检查。

对有证据证明可能存在安全隐患的，药品监督管理部门根据监督检查情况，应当采取告诫、约谈、限期整改以及暂停生产、销售、使用、进口等措施，并及时公布检查处理结果。

药品监督管理部门进行监督检查时，应当出示证明文件，对监督检查中知悉的商业秘密应当保密。

第一百条 药品监督管理部门根据监督管理的需要，可以对药品质量进行抽查检验。抽查检验应当按照规定抽样，并不得收取任何费用；抽样应当购买样品。所需费用按照国务院规定列支。

对有证据证明可能危害人体健康的药品及其有关材料，药品监督管理部门可以查封、扣押，并在七日内作出行政处理决定；药品需要检验的，应当自检验报告书发出之日起十五日内作出行政处理决定。

第一百零一条　国务院和省、自治区、直辖市人民政府的药品监督管理部门应当定期公告药品质量抽查检验结果；公告不当的，应当在原公告范围内予以更正。

第一百零二条　当事人对药品检验结果有异议的，可以自收到药品检验结果之日起七日内向原药品检验机构或者上一级药品监督管理部门设置或者指定的药品检验机构申请复验，也可以直接向国务院药品监督管理部门设置或者指定的药品检验机构申请复验。受理复验的药品检验机构应当在国务院药品监督管理部门规定的时间内作出复验结论。

第一百零三条　药品监督管理部门应当对药品上市许可持有人、药品生产企业、药品经营企业和药物非临床安全性评价研究机构、药物临床试验机构等遵守药品生产质量管理规范、药品经营质量管理规范、药物非临床研究质量管理规范、药物临床试验质量管理规范等情况进行检查，监督其持续符合法定要求。

第一百零四条　国家建立职业化、专业化药品检查员队伍。检查员应当熟悉药品法律法规，具备药品专业知识。

第一百零五条　药品监督管理部门建立药品上市许可持有人、药品生产企业、药品经营企业、药物非临床安全性评价研究机构、药物临床试验机构和医疗机构药品安全信用档案，记录许可颁发、日常监督检查结果、违法行为查处等情况，依法向社会公布并及时更新；对有不良信用记录的，增加监督检查频次,并可以按照国家规定实施联合惩戒。

第一百零六条 药品监督管理部门应当公布本部门的电子邮件地址、电话,接受咨询、投诉、举报,并依法及时答复、核实、处理。对查证属实的举报,按照有关规定给予举报人奖励。

药品监督管理部门应当对举报人的信息予以保密,保护举报人的合法权益。举报人举报所在单位的,该单位不得以解除、变更劳动合同或者其他方式对举报人进行打击报复。

第一百零七条 国家实行药品安全信息统一公布制度。国家药品安全总体情况、药品安全风险警示信息、重大药品安全事件及其调查处理信息和国务院确定需要统一公布的其他信息由国务院药品监督管理部门统一公布。药品安全风险警示信息和重大药品安全事件及其调查处理信息的影响限于特定区域的,也可以由有关省、自治区、直辖市人民政府药品监督管理部门公布。未经授权不得发布上述信息。

公布药品安全信息,应当及时、准确、全面,并进行必要的说明,避免误导。

任何单位和个人不得编造、散布虚假药品安全信息。

第一百零八条 县级以上人民政府应当制定药品安全事件应急预案。药品上市许可持有人、药品生产企业、药品经营企业和医疗机构等应当制定本单位的药品安全事件处置方案,并组织开展培训和应急演练。

发生药品安全事件,县级以上人民政府应当按照应急预案立即组织开展应对工作；有关单位应当立即采取有效措施进行处置，防止危害扩大。

第一百零九条　药品监督管理部门未及时发现药品安全系统性风险，未及时消除监督管理区域内药品安全隐患的，本级人民政府或者上级人民政府药品监督管理部门应当对其主要负责人进行约谈。

地方人民政府未履行药品安全职责，未及时消除区域性重大药品安全隐患的，上级人民政府或者上级人民政府药品监督管理部门应当对其主要负责人进行约谈。

被约谈的部门和地方人民政府应当立即采取措施，对药品监督管理工作进行整改。

约谈情况和整改情况应当纳入有关部门和地方人民政府药品监督管理工作评议、考核记录。

第一百一十条　地方人民政府及其药品监督管理部门不得以要求实施药品检验、审批等手段限制或者排斥非本地区药品上市许可持有人、药品生产企业生产的药品进入本地区。

第一百一十一条　药品监督管理部门及其设置或者指定的药品专业技术机构不得参与药品生产经营活动，不得以其名义推荐或者监制、监销药品。

药品监督管理部门及其设置或者指定的药品专业技术机构的工作人员不得参与药品生产经营活动。

第一百一十二条　国务院对麻醉药品、精神药品、医疗用毒性药品、放射性药品、药品类易制毒化学品等有其他特殊管理规定的，依照其规定。

第一百一十三条 药品监督管理部门发现药品违法行为涉嫌犯罪的，应当及时将案件移送公安机关。

对依法不需要追究刑事责任或者免予刑事处罚，但应当追究行政责任的，公安机关、人民检察院、人民法院应当及时将案件移送药品监督管理部门。

公安机关、人民检察院、人民法院商请药品监督管理部门、生态环境主管部门等部门提供检验结论、认定意见以及对涉案药品进行无害化处理等协助的，有关部门应当及时提供，予以协助。

第十一章 法律责任

第一百一十四条 违反本法规定，构成犯罪的，依法追究刑事责任。

第一百一十五条 未取得药品生产许可证、药品经营许可证或者医疗机构制剂许可证生产、销售药品的，责令关闭，没收违法生产、销售的药品和违法所得，并处违法生产、销售的药品（包括已售出和未售出的药品，下同）货值金额十五倍以上三十倍以下的罚款；货值金额不足十万元的，按十万元计算。

第一百一十六条 生产、销售假药的，没收违法生产、销售的药品和违法所得，责令停产停业整顿，吊销药品批准证明文件，并处违法生产、销售的药品货值金额十五倍以上三十倍以下的罚款；货值金额不足十万元的，按十万元计算；情节严重的，吊销药品生产许可证、药品经营许可证或者医疗机构制剂许可证，十年内不受理其相应申请；药品上市许可持有人为境外企业的，十年内禁止其药品进口。

第一百一十七条　生产、销售劣药的，没收违法生产、销售的药品和违法所得，并处违法生产、销售的药品货值金额十倍以上二十倍以下的罚款；违法生产、批发的药品货值金额不足十万元的，按十万元计算，违法零售的药品货值金额不足一万元的，按一万元计算；情节严重的，责令停产停业整顿直至吊销药品批准证明文件、药品生产许可证、药品经营许可证或者医疗机构制剂许可证。

生产、销售的中药饮片不符合药品标准，尚不影响安全性、有效性的，责令限期改正，给予警告；可以处十万元以上五十万元以下的罚款。

第一百一十八条　生产、销售假药，或者生产、销售劣药且情节严重的，对法定代表人、主要负责人、直接负责的主管人员和其他责任人员，没收违法行为发生期间自本单位所获收入，并处所获收入百分之三十以上三倍以下的罚款，终身禁止从事药品生产经营活动，并可以由公安机关处五日以上十五日以下的拘留。

对生产者专门用于生产假药、劣药的原料、辅料、包装材料、生产设备予以没收。

第一百一十九条 药品使用单位使用假药、劣药的，按照销售假药、零售劣药的规定处罚；情节严重的，法定代表人、主要负责人、直接负责的主管人员和其他责任人员有医疗卫生人员执业证书的，还应当吊销执业证书。

第一百二十条 知道或者应当知道属于假药、劣药或者本法第一百二十四条第一款第一项至第五项规定的药品，而为其提供储存、运输等便利条件的，没收全部储存、运输收入，并处违法收入一倍以上五倍以下的罚款；情节严重的，并处违法收入五倍以上十五倍以下的罚款；违法收入不足五万元的，按五万元计算。

第一百二十一条 对假药、劣药的处罚决定，应当依法载明药品检验机构的质量检验结论。

第一百二十二条 伪造、变造、出租、出借、非法买卖许可证或者药品批准证明文件的，没收违法所得，并处违法所得一倍以上五倍以下的罚款；情节严重的，并处违法所得五倍以上十五倍以下的罚款，吊销药品生产许可证、药品经营许可证、医疗机构制剂许可证或者药品批准证明文件，对法定代表人、主要负责人、直接负责的主管人员和其他责任人员，处二万元以上二十万元以下的罚款，十年内禁止从事药品生产经营活动，并可以由公安机关处五日以上十五日以下的拘留；违法所得不足十万元的，按十万元计算。

第一百二十三条 提供虚假的证明、数据、资料、样品或者采取其他手段骗取临床试验许可、药品生产许可、药品经营许可、医疗机构制剂许可或者药品注册等许可的，撤销相关许可，十年内不受理其相应申请，并处五十万元以上五百万元以下的罚款；情节严重的，对法定代表人、主要负责人、直接负责的主管人员和其他责任人员，处二万元以上二十万元以下的罚款，十年内禁止从事药品生产经营活动，并可以由公安机关处五日以上十五日以下的拘留。

第一百二十四条　违反本法规定，有下列行为之一的，没收违法生产、进口、销售的药品和违法所得以及专门用于违法生产的原料、辅料、包装材料和生产设备，责令停产停业整顿，并处违法生产、进口、销售的药品货值金额十五倍以上三十倍以下的罚款；货值金额不足十万元的，按十万元计算；情节严重的，吊销药品批准证明文件直至吊销药品生产许可证、药品经营许可证或者医疗机构制剂许可证，对法定代表人、主要负责人、直接负责的主管人员和其他责任人员，没收违法行为发生期间自本单位所获收入，并处所获收入百分之三十以上三倍以下的罚款，十年直至终身禁止从事药品生产经营活动，并可以由公安机关处五日以上十五日以下的拘留：

（一）未取得药品批准证明文件生产、进口药品；

（二）使用采取欺骗手段取得的药品批准证明文件生产、进口药品；

（三）使用未经审评审批的原料药生产药品；

（四）应当检验而未经检验即销售药品；

（五）生产、销售国务院药品监督管理部门禁止使用的药品；

（六）编造生产、检验记录；

（七）未经批准在药品生产过程中进行重大变更。

销售前款第一项至第三项规定的药品，或者药品使用单位使用前款第一项至第五项规定的药品的，依照前款规定处罚；情节严重的，药品使用单位的法定代表人、主要负责人、直接负责的主管人员和其他责任人员有医疗卫生人员执业证书的，还应当吊销执业证书。

未经批准进口少量境外已合法上市的药品，情节较轻的，可以依法减轻或者免予处罚。

第一百二十五条 违反本法规定，有下列行为之一的，没收违法生产、销售的药品和违法所得以及包装材料、容器，责令停产停业整顿，并处五十万元以上五百万元以下的罚款；情节严重的，吊销药品批准证明文件、药品生产许可证、药品经营许可证，对法定代表人、主要负责人、直接负责的主管人员和其他责任人员处二万元以上二十万元以下的罚款，十年直至终身禁止从事药品生产经营活动：

（一）未经批准开展药物临床试验；

（二）使用未经审评的直接接触药品的包装材料或者容器生产药品，或者销售该类药品；

（三）使用未经核准的标签、说明书。

第一百二十六条　除本法另有规定的情形外，药品上市许可持有人、药品生产企业、药品经营企业、药物非临床安全性评价研究机构、药物临床试验机构等未遵守药品生产质量管理规范、药品经营质量管理规范、药物非临床研究质量管理规范、药物临床试验质量管理规范等的，责令限期改正，给予警告；逾期不改正的，处十万元以上五十万元以下的罚款；情节严重的，处五十万元以上二百万元以下的罚款，责令停产停业整顿直至吊销药品批准证明文件、药品生产许可证、药品经营许可证等，药物非临床安全性评价研究机构、药物临床试验机构等五年内不得开展药物非临床安全性评价研究、药物临床试验，对法定代表人、主要负责人、直接负责的主管人员和其他责任人员，没收违法行为发生期间自本单位所获收入，并处所获收入百分之十以上百分之五十以下的罚款，十年直至终身禁止从事药品生产经营等活动。

第一百二十七条　违反本法规定，有下列行为之一的，责令限期改正，给予警告；逾期不改正的，处十万元以上五十万元以下的罚款：

（一）开展生物等效性试验未备案；

（二）药物临床试验期间，发现存在安全性问题或者其他风险，临床试验申办者未及时调整临床试验方案、暂停或者终止临床试验，或者未向国务院药品监督管理部门报告；

（三）未按照规定建立并实施药品追溯制度；

（四）未按照规定提交年度报告；

（五）未按照规定对药品生产过程中的变更进行备案或者报告；

（六）未制定药品上市后风险管理计划；

（七）未按照规定开展药品上市后研究或者上市后评价。

第一百二十八条 除依法应当按照假药、劣药处罚的外，药品包装未按照规定印有、贴有标签或者附有说明书，标签、说明书未按照规定注明相关信息或者印有规定标志的，责令改正，给予警告；情节严重的，吊销药品注册证书。

第一百二十九条 违反本法规定，药品上市许可持有人、药品生产企业、药品经营企业或者医疗机构未从药品上市许可持有人或者具有药品生产、经营资格的企业购进药品的，责令改正，没收违法购进的药品和违法所得，并处违法购进药品货值金额二倍以上十倍以下的罚款；情节严重的，并处货值金额十倍以上三十倍以下的罚款，吊销药品批准证明文件、药品生产许可证、药品经营许可证或者医疗机构执业许可证；货值金额不足五万元的，按五万元计算。

第一百三十条 违反本法规定，药品经营企业购销药品未按照规定进行记录，零售药品未正确说明用法、用量等事项，或者未按照规定调配处方的，责令改正，给予警告；情节严重的，吊销药品经营许可证。

第一百三十一条 违反本法规定，药品网络交易第三方平台提供者未履行资质审核、报告、停止提供网络交易平台服务等义务的，责令改正，没收违法所得，并处二十万元以上二百万元以下的罚款；情节严重的，责令停业整顿，并处二百万元以上五百万元以下的罚款。

第一百三十二条　进口已获得药品注册证书的药品，未按照规定向允许药品进口的口岸所在地药品监督管理部门备案的，责令限期改正，给予警告；逾期不改正的，吊销药品注册证书。

第一百三十三条　违反本法规定，医疗机构将其配制的制剂在市场上销售的，责令改正，没收违法销售的制剂和违法所得，并处违法销售制剂货值金额二倍以上五倍以下的罚款；情节严重的，并处货值金额五倍以上十五倍以下的罚款；货值金额不足五万元的，按五万元计算。

第一百三十四条　药品上市许可持有人未按照规定开展药品不良反应监测或者报告疑似药品不良反应的，责令限期改正，给予警告；逾期不改正的，责令停产停业整顿，并处十万元以上一百万元以下的罚款。

药品经营企业未按照规定报告疑似药品不良反应的，责令限期改正，给予警告；逾期不改正的，责令停产停业整顿，并处五万元以上五十万元以下的罚款。

医疗机构未按照规定报告疑似药品不良反应的，责令限期改正，给予警告；逾期不改正的，处五万元以上五十万元以下的罚款。

第一百三十五条　药品上市许可持有人在省、自治区、直辖市人民政府药品监督管理部门责令其召回后，拒不召回的，处应召回药品货值金额五倍以上十倍以下的罚款；货值金额不足十万元的，按十万元计算；情节严重的，吊销药品批准证明文件、药品生产许可证、药品经营许可证，对法定代表人、主要负责人、直接负责的主管人员和其他责任人员，处二万元以上二十万元以下的罚款。药品生产企业、药品经营企业、医疗机构拒不配合召回的，处十万元以上五十万元以下的罚款。

第一百三十六条　药品上市许可持有人为境外企业的，其指定的在中国境内的企业法人未依照本法规定履行相关义务的，适用本法有关药品上市许可持有人法律责任的规定。

第一百三十七条　有下列行为之一的，在本法规定的处罚幅度内从重处罚：

（一）以麻醉药品、精神药品、医疗用毒性药品、放射性药品、药品类易制毒化学品冒充其他药品，或者以其他药品冒充上述药品；

（二）生产、销售以孕产妇、儿童为主要使用对象的假药、劣药；

（三）生产、销售的生物制品属于假药、劣药；

（四）生产、销售假药、劣药，造成人身伤害后果；

（五）生产、销售假药、劣药，经处理后再犯；

（六）拒绝、逃避监督检查，伪造、销毁、隐匿有关证据材料，或者擅自动用查封、扣押物品。

第一百三十八条　药品检验机构出具虚假检验报告的，责令改正，给予警告，对单位并处二十万元以上一百万元以下的罚款；对直接负责的主管人员和其他直接责任人员依法给予降级、撤职、开除处分，没收违法所得，并处五万元以下的罚款；情节严重的，撤销其检验资格。药品检验机构出具的检验结果不实，造成损失的，应当承担相应的赔偿责任。

第一百三十九条　本法第一百一十五条至第一百三十八条规定的行政处罚，由县级以上人民政府药品监督管理部门按照职责分工决定；撤销许可、吊销许可证件的，由原批准、发证的部门决定。

第一百四十条　药品上市许可持有人、药品生产企业、药品经营企业或者医疗机构违反本法规定聘用人员的，由药品监督管理部门或者卫生健康主管部门责令解聘，处五万元以上二十万元以下的罚款。

第一百四十一条　药品上市许可持有人、药品生产企业、药品经营企业或者医疗机构在药品购销中给予、收受回扣或者其他不正当利益的，药品上市许可持有人、药品生产企业、药品经营企业或者代理人给予使用其药品的医疗机构的负责人、药品采购人员、医师、药师等有关人员财物或者其他不正当利益的，由市场监督管理部门没收违法所得，并处三十万元以上三百万元以下的罚款；情节严重的，吊销药品上市许可持有人、药品生产企业、药品经营企业营业执照，并由药品监督管理部门吊销药品批准证明文件、药品生产许可证、药品经营许可证。

药品上市许可持有人、药品生产企业、药品经营企业在药品研制、生产、经营中向国家工作人员行贿的，对法定代表人、主要负责人、直接负责的主管人员和其他责任人员终身禁止从事药品生产经营活动。

第一百四十二条 药品上市许可持有人、药品生产企业、药品经营企业的负责人、采购人员等有关人员在药品购销中收受其他药品上市许可持有人、药品生产企业、药品经营企业或者代理人给予的财物或者其他不正当利益的，没收违法所得，依法给予处罚；情节严重的，五年内禁止从事药品生产经营活动。

医疗机构的负责人、药品采购人员、医师、药师等有关人员收受药品上市许可持有人、药品生产企业、药品经营企业或者代理人给予的财物或者其他不正当利益的，由卫生健康主管部门或者本单位给予处分，没收违法所得；情节严重的，还应当吊销其执业证书。

第一百四十三条 违反本法规定，编造、散布虚假药品安全信息，构成违反治安管理行为的，由公安机关依法给予治安管理处罚。

第一百四十四条 药品上市许可持有人、药品生产企业、药品经营企业或者医疗机构违反本法规定，给用药者造成损害的，依法承担赔偿责任。

因药品质量问题受到损害的，受害人可以向药品上市许可持有人、药品生产企业请求赔偿损失，也可以向药品经营企业、医疗机构请求赔偿损失。接到受害人赔偿请求的，应当实行首负责任制，先行赔付；先行赔付后，可以依法追偿。

生产假药、劣药或者明知是假药、劣药仍然销售、使用的，受害人或者其近亲属除请求赔偿损失外，还可以请求支付价款十倍或者损失三倍的赔偿金；增加赔偿的金额不足一千元的，为一千元。

第一百四十五条　药品监督管理部门或者其设置、指定的药品专业技术机构参与药品生产经营活动的，由其上级主管机关责令改正，没收违法收入；情节严重的，对直接负责的主管人员和其他直接责任人员依法给予处分。

药品监督管理部门或者其设置、指定的药品专业技术机构的工作人员参与药品生产经营活动的，依法给予处分。

第一百四十六条　药品监督管理部门或者其设置、指定的药品检验机构在药品监督检验中违法收取检验费用的，由政府有关部门责令退还，对直接负责的主管人员和其他直接责任人员依法给予处分；情节严重的，撤销其检验资格。

第一百四十七条　违反本法规定，药品监督管理部门有下列行为之一的，应当撤销相关许可，对直接负责的主管人员和其他直接责任人员依法给予处分：

（一）不符合条件而批准进行药物临床试验；

（二）对不符合条件的药品颁发药品注册证书；

（三）对不符合条件的单位颁发药品生产许可证、药品经营许可证或者医疗机构制剂许可证。

第一百四十八条 违反本法规定，县级以上地方人民政府有下列行为之一的，对直接负责的主管人员和其他直接责任人员给予记过或者记大过处分；情节严重的，给予降级、撤职或者开除处分：

（一）瞒报、谎报、缓报、漏报药品安全事件；

（二）未及时消除区域性重大药品安全隐患，造成本行政区域内发生特别重大药品安全事件，或者连续发生重大药品安全事件；

（三）履行职责不力，造成严重不良影响或者重大损失。

第一百四十九条 违反本法规定，药品监督管理等部门有下列行为之一的，对直接负责的主管人员和其他直接责任人员给予记过或者记大过处分；情节较重的，给予降级或者撤职处分；情节严重的，给予开除处分：

（一）瞒报、谎报、缓报、漏报药品安全事件；

（二）对发现的药品安全违法行为未及时查处；

（三）未及时发现药品安全系统性风险，或者未及时消除监督管理区域内药品安全隐患，造成严重影响；

（四）其他不履行药品监督管理职责，造成严重不良影响或者重大损失。

第一百五十条 药品监督管理人员滥用职权、徇私舞弊、玩忽职守的，依法给予处分。

查处假药、劣药违法行为有失职、渎职行为的，对药品监督管理部门直接负责的主管人员和其他直接责任人员依法从重给予处分。

第一百五十一条　本章规定的货值金额以违法生产、销售药品的标价计算；没有标价的，按照同类药品的市场价格计算。

第十二章　附　　则

第一百五十二条　中药材种植、采集和饲养的管理，依照有关法律、法规的规定执行。

第一百五十三条　地区性民间习用药材的管理办法，由国务院药品监督管理部门会同国务院中医药主管部门制定。

第一百五十四条　中国人民解放军和中国人民武装警察部队执行本法的具体办法，由国务院、中央军事委员会依据本法制定。

第一百五十五条　本法自 2019 年 12 月 1 日起施行。

参 考 文 献

[1]《中国医药报》社组织编写:《〈中华人民共和国疫苗管理法〉及相关材料汇编》,中国医药科技出版社 2019 年版。

[2]田侃主编:《药事管理与法规》(第 2 版),上海科学技术出版社 2019 年版。

[3]国家药品监督管理局执业药师资格认证中心组织编写:《药事管理与法规》(第 7 版),中国医药科技出版社 2019 年版。

[4]刁连东、孙晓冬主编:《实用疫苗学》,上海科学技术出版社 2015 年版。

[5]卞耀武主编:《中华人民共和国药品管理法释义》,法律出版社 2002 年版。

[6]赖红梅著:《疫苗损害法律问题研究》,法律出版社 2018 年版。